KB271291

무엇이 기본기인가

최강 기본기를 만드는 79가지 법칙!

무엇이 기본기 인가

강준린 편저

최강 기본기를 만드는
79가지 법칙!

씽크북

직장인이라면 누구에게나 실력 향상을 위해
기본기는 기본 중의 기본이다

비즈니스맨들에게 일의 기본은 무엇일까?

요즘처럼 비즈니스 스타일이나 역할 분담이 크게 변화하고 있는 시대에는 '일의 기본은 여기부터 여기까지'라고 명확하게 선을 긋는 것이 매우 어렵다.

다시 말하면 지금까지 기본이라고 생각되었던 것을 그 근원부터 다시 되돌아 봐야 하는 국면에 이르렀다고 할 수 있다.

그 때문인지 모르겠지만 최근엔 기업이나 관련 단체의 연수를 보면 기본을 강조하는 경향이 많은 것 같다. 하지만 그 기본이라는 부분이 불분명하다는 이유로 젊은 비즈니스맨들이 필요 이상의 걱정을 한다거나 기성세대와 마찰을 일으킨다면 그것처럼 바보 같은 경우도 없을 것이다.

이 책에서는 일의 기본과 그것을 응용할 수 있는 비법과 테크닉, 그리고 앞으로의 레벨 향상을 위해 필요한 공부 방법 등에 대해 그림을 활용하여 이해하기 쉽게 정리해 놓았다.

이제부터 사회에 나갈 준비를 하는 분은 비즈니스 교과서로 한 페이지씩 처음부터 읽어주길 바란다. 또한 이미 기업에 들어가 활동하고 있는 사람들은 평소 자신의 활동을 재점검하고 반성한다는 생각으로 핵심 부분만 읽는 것도 좋을 것이다.

이 책은 연수용 교재와 보조 교재로 활용할 수 있는 최적의 내용을 담고 있다.

앞으로 비즈니스 사회는 파견 근무제와 연봉제, 기업 내의 기업이라는 지금까지는 없었던 시스템과 채용 스타일이 더욱 늘어날 것이다. 이런 상황 속에서 살아남으려면 자신만의 비즈니스 노하우나 스타일을 확실하게 향상시켜 둘 필요가 있다.

그러한 여러분의 노력에 이 책이 조금이나마 도움이 되길 바란다.

강준린

기본기 4 지식과 매너

기본기 5

문서 작성과 전화 테크닉

남과 다르게 하는 법

일할 때 우선하는 목표를 정하라

작은 목표부터 정한다

매일 정해진 시간에 출근하고 그 날의 일을 끝내고 아무 일 없이 하루가 지나고 정시에 퇴근…… 이런 일상을 반복하다 보면 패기가 사라져 간다. 신입 사원 시절의 긴장감은 이미 사라져 소위 말하는 매너리즘에 빠지는 이런 상황은 누구에게나 오기 마련이다.

물론 남보다 뛰어난 비즈니스맨이 되기 위해서는 이러한 타성에서 하루 빨리 빠져 나오는 것이 급선무다. 그것보다는 아예 매너리즘에 빠지지 않는 편이 훨씬 좋다. 그럼 어떻게 해야 할까? 무엇보다도 일하는 방법의 첫걸음은 목표를 설정해 두는 것이다.

목표 설정을 하기에 앞서 먼저 자신의 현재 업무 능력이나 인간관계, 사내에서의 입장과 평가 등에 대해 객관적으로 평가를 해본다. 그렇다고 너무 진지하게 생각할 필요는 없다. 현재 자신의 일에 대한 자세나 태도를 반성하고 긍정적으로 비즈니스 라이프를 생각해 보는 것이다.

그럼 구체적으로 목표 설정을 하기 위해서는 다음 원칙을 염두에 두는 것이 좋다.

❶ 목표는 너무 높지도 너무 낮지도 않게 반드시 달성할 수 있는 범위로 한다.

❷ 막연한 목표가 있을 때는 그것에 도달하기 위해서 무엇을 해야 하는지, 자신은 어떻게 해야 하는지 등을 구체적으로 생각해서 하나씩 작은 목표로 설정한다.

❸ 목표 설정은 수량과 기한, 항목 등을 될 수 있는 한 구체적으로 정한다.

❶번에 대해 말하면 처음부터 너무 높은 목표를 정해 버리면 '……하려고 노력은 했지만'이 되어 결국은 자기 자신에게 응석을 부리며 도망치게 될 것이다. 무리한 설정을 하지 말고 있는 힘껏 노력한다면 달성할 수 있는 범위에서 목표를 설정하는 것이 포인트이다. ❷번과 ❸번은 목표가 구체적일수록 그것을 실행하기 위한 수단과 순서를 생각해내기 쉽다.

위에서 지시 받은 목표나 과제도 긍정적으로 받아들이자

상사나 회사로부터 여러 가지 목표나 과제가 부여될 때가 많다. 때로는 '어째서 이런 일을 내가……'라는 생각이 들 때도 있을 것이다. 분야가 다른 부서로 이동되는 일이 이런 경우에 해당된다.

하지만 여기서 생각할 것은 거기서 일을 되는대로 한다든가 타성에 젖어 일을 대충한다면 아무 것도 이루어지지 않는다는 사실이다. 새롭게 부여된 목표나 과제는 상사나 회사가 당신에 대한 기대이거나 미지의 가능성을 개척하려는 의지를 보기 위함이다. 또는 장래의 포지션에 필요한 수련이기도 하다. 그렇기 때문에 그런 경우는 기회로 생각하고 적극적인 자세로 부여된 목표나 과제에 임하는 것이 장래를 위해 좋다.

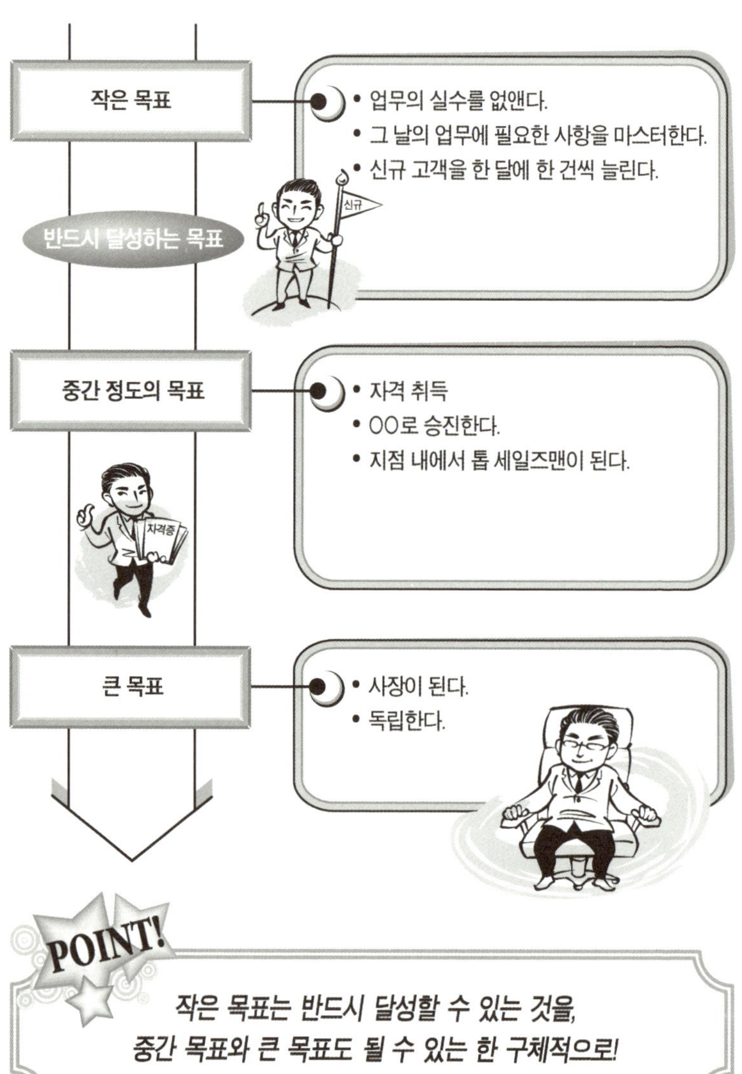
작은 목표
반드시 달성하는 목표
신규
• 업무의 실수를 없앤다.
• 그 날의 업무에 필요한 사항을 마스터한다.
• 신규 고객을 한 달에 한 건씩 늘린다.
중간 정도의 목표
자격증
• 자격 취득
• ○○로 승진한다.
• 지점 내에서 톱 세일즈맨이 된다.
큰 목표
• 사장이 된다.
• 독립한다.
POINT!
작은 목표는 반드시 달성할 수 있는 것을,
중간 목표와 큰 목표도 될 수 있는 한 구체적으로!

업무를 목록화하여
스케줄을 효율적으로 작성하라

실행 가능하고 융통성 있는 계획을 세운다

스케줄은 날짜별, 주간별, 월간별, 연간, 그리고 일정 기간을 요하는 업무의 단위 등을 생각하여 계획을 세우고 매일 동시에 진행시켜 나간다. 그런데 진행 도중에 돌발적인 문제가 발생하여 예정을 변경하는 일이 생길 수 있다.

예를 들어, 하루의 스케줄을 세세하게 정해 두어도 갑작스런 업무가 발생할 수 있으며 예정에 없던 손님의 방문이 있을 수도 있다. 그랬을 때 여유 없는 이상적인 스케줄을 세워 두었다면 A업무의 차질이 B업무로 파급되고 C업무에도 문제가 생기며 중요한 D업무를 놓치게 된다. 이렇게 되지 않기 위해서는

❶ 각각의 업무를 리스트를 정리하여 시간의 여유를 가지고 스케줄을 세운다.

❷ 지금까지의 작업 경험을 참고로 보다 구체적인 과정을 정해 간다.

❸ 업무에 관계되는 사람이나 상대 회사의 일정은 괜찮은지 전체적인 흐름

을 생각하며 정한다.

④ 변경 사항은 그 즉시 기입하고 그로 인해 다른 업무에 지장을 초래하지
는 않는지 확인한다.

⑤ 모든 일의 스케줄을 비교하여 무리가 있지는 않은지 체크한다.

이러한 점에 주의하여 계획을 세워야 한다. 특히 시간적인 여유는 반드시 두어야한다.

여유란 한 시간이면 충분히 완성할 수 있는 보고서를 위해 반나절을 비워 두라는 얘기가 아니다. 그 한 시간을 오후 2시부터 3시로 설정해 두었다고 가정한다면 만약 완성하지 못했을 때 사용할 시간을 비워 둔다는 것이다. 이렇게 하면 시간에 쫓겨서 서두르다 생각하지 못한 실수를 초래하는 일도 없어지게 된다.

예비 업무 같은 복수의 계획을 세워 둔다

융통성이 있는 스케줄을 세워 두었는데 업무가 순조롭게 처리되어 예비 시간이 그대로 비었을 땐 어떻게 해야 할까? 그럴 때를 위해서도 예비 계획을 세워 두는 게 좋다. 조금 후에 예정되어 있는 업무를 미리 진행해 두거나 자료와 서류의 정리, 새로운 기획의 구상 등 여러 가지를 생각할 수 있다. 또는 업무 향상을 위해 무언가 계획하고 있는 것이 있다면 그것을 위해 시간을 쓸 수도 있다.

이와 같이 스케줄을 세워 실행하면 업무는 생각대로, 아니 그 이상으로 진행되며 업무의 전체적인 효율 상승으로 이어지게 된다.

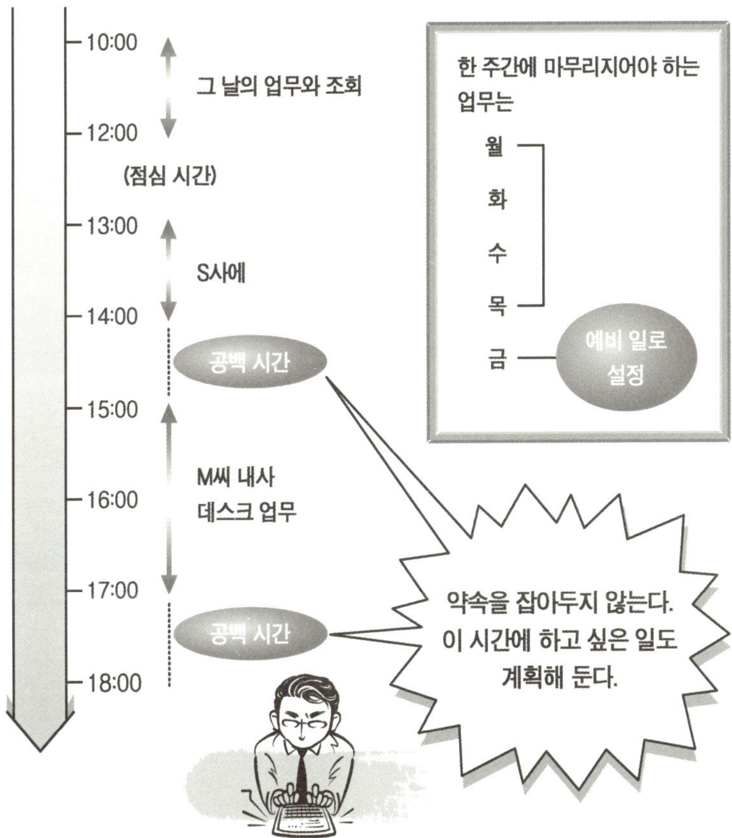

POINT!

어느 정도 공백 시간을 만들 수 있는가가
스케줄 작성의 포인트다.

간단한 방법으로
일의 효율을 높여라

장기간의 업무도 중간 목표를 설정하면 순조롭게 끝낼 수 있다

일에는 단기간에 끝낼 수 있는 것과 장기간에 걸쳐 완성해야 할 것이 있다. 누구든지 장기간에 걸쳐서 하나의 업무를 할 경우 아무리 열의가 있다 해도 꾸준한 속도와 수준을 유지하기 힘들다. 또한 일주일, 한 달, 기간이 길어지면 길어질수록 시작부터 주저앉게 되거나 전반부의 일 진척이 느려져 후반부에 가서는 다급하게 간신히 시간에 맞추는 패턴이 되기 쉽다.

이렇게 되면 업무에 무리가 생겨서 조잡한 끝맺음이 될 가능성이 크다. 게다가 잘못하면 정해진 날짜에 맞추지 못하는 일도 생길 수 있다. 그렇게 되면 '사실은 좀 더 레벨이 높은 내용을 할 수 있었는데', '아아, 전반에 좀 더 제대로 일을 진행시켜 두었더라면……' 이라는 후회가 남게 되고 상사의 평가도 부정적으로 변해 버리는 일이 생길 수 있다.

따라서 업무를 향한 적극적인 열의를 유지하고 장기간의 업무도 효율적으로 완성하기 위해 중간 목표를 세울 것을 권한다.

중간 목표는, 예를 들면 일주일 동안에 끝내는 서류라면 '3일에 반 정도 분량'이라는 식으로 시간 단락을 지어서 구체적으로 목표를 설정하는 것이다. 단계적으로 분할할 수 있는 일이라면 그 단계별로 소요 시간을 예측하여 중간 목표를 설정하는 것이다. 이처럼 분할을 하게 되면 양과 기간의 압박감을 그다지 느끼지 않고도 일을 완성할 수 있다.

전반부 집중 − 한 단락의 완결로 더욱더 효율 상승

전반부 집중, 다시 말해서 그 날 하루의 업무량이라면 오전 중에, 한 달의 업무량이라면 그 한 달의 전반부에 집중하여 일을 진행해 둔다는 의미이다. 어느 정도 업무의 목표를 세우면 시간과 마음의 여유가 생겨서 남은 업무도 순조롭게 진행될 것이다. 또한 문제가 발생해도 여유를 가지고 처리할 수 있게 된다.

집중하여 일에 몰두하기 위해선 주 업무를 시작하면 도중에 다른 업무에 손을 대지 말고 끝까지 하는 자세를 갖는 것이 좋다. 이것저것 적당히 손을 대는 것은 효율적이지 못하며 어떤 업무도 끝내지 못하고 있다는 압박감 때문에 정신적으로 힘들어진다. 업무는 전반부에 집중하여 한 단락을 완결함으로써 여유를 갖고 나머지 업무를 효율적으로 진행하는 것이 최선의 방법이다.

주 업무 이외의 세세한 업무나 잡일은 될 수 있는 대로 하나로 모아 집중적으로 처리하는 것이 좋다. 시간의 낭비가 적어지며 두뇌의 회전도 순조롭기 때문에 효율이 상승된다.

작업 과정의 중간에 목표를 둔다.

일	월	화	수	목	금	토
SUN	MON	TUE	WED	THE	FRI	SAT
					마감	1
2	3	4	5	6	7	8

POINT!

주 업무를 진행하기 시작하면 중도에 다른 업무에 손을 대지 말아라.
이런 집중 방식이 효율을 상승시키는 비법이다.

간단한 훈련만으로 증대시킬 수 있다

자신의 패턴을 찾아서 집중력을 높인다

업무에 집중하기 위해서는 먼저 자신이 어떤 때에 열심히 일을 하게 되는지, 일의 집중력 패턴을 찾아내야 한다.

예를 들어, 통계 계산을 하고 있으면 누군가가 불렀는데도 듣지 못할 정도로 집중하는 사람이 있는가 하면 자료 정리를 좋아하는 사람, 고객과의 상담이 신이 나는 사람 등 다양한 타입의 사람들이 있다. 또는 상품의 반출 반입 등 육체노동을 하면 집중력이 증가하는 사람도 있을 것이다. 그렇게 집중력이 높아진 뒤에 어려운 일이나 더욱 집중력이 필요한 일을 계속해서 하도록 한다면 긴장감이 높은 상태에서도 일에 빠질 수 있다.

그 외에는 수면 부족에 주의하고 신체의 건강을 지킬 것, 집중하고 싶을 때는 전화나 방문객을 가능한 배제하고 자신이 집중하기 쉬운 환경으로 정리할 것, 그리고 업무중에 졸음이 몰려올 때는 10분이라도 잠시 눈을 붙이도록 할 것. 그렇게 하면 몸과 마음이 상쾌해져 다시 집중력이 생긴다. 나머지는 '3시까지 이 일을 끝낸다', '할 수 있

다' 고 자신에게 되새기는 이미지 트레이닝도 효과가 있으니 시험해
보는 것도 좋다.

타이머 사용으로 효율성 높이기

외출이나 손님의 방문이 예정되어 있다, 회의가 있다, 또는 정해진
시간에 전화를 해야만 하는 경우엔 누구라도 시간이 신경 쓰이고 일
에 집중하기 힘들 것이다. 특히 예정 시간의 30분, 1시간 전 정도가
되면 계속해서 시계만 보게 되어서 업무를 볼 수 없는 사람도 많다.

이것은 완전히 시간 낭비이다. 어중간한 시간이라도 집중한다면
보고서 하나 정도는 쓸 수 있을 것이며 신문을 읽거나 자료를 볼 수
도 있다.

그렇다면 타이머를 활용해 보자. 예정된 용무가 전화를 거는 등의
준비 시간이 필요한 업무라면 그 준비 시간을 포함해 5분이나 10분
전에 타이머를 맞춰 둔다. 준비 시간이 필요 없는 경우에는 1, 2분전
이라도 괜찮다. 이렇게 해 두면 타이머 알람이 울리기 전까지 집중해
서 일을 할 수 있다. 단, 알람의 음량을 작게 해 두는 등 주위에 불편
함을 주지 않도록 배려하는 것을 잊으면 안 된다.

POINT!

우선 자신이 가장 일에 집중할 수 있는 상태를 생각해 보자.

갑작스런 업무를
차분히 해결하는 테크닉

일의 우선순위를 판단할 수 있는 능력을 기른다

되도록이면 피하고 싶은 것이 돌발적인 업무이다. 그러나 발상을 바꾸면 갑작스런 업무는 자신의 담당 분야 이외의 업무나 신규 사업을 위한 사전 조사 업무 등, 평소에는 경험할 수 없는 업무가 많고 또한 그 일을 통해 인맥이나 지식, 테크닉 등을 크게 키울 수 있는 기회가 될 수 있다.

이렇게 긍정적인 면을 인식해서 돌발적인 업무도 긍정적으로 맡아서 진행하기 바란다. 일을 맡은 이상 적극적인 자세로 하는 것이 일을 순조롭게 진행시킬 수 있는 방법이며 좋은 결과를 부르게 된다.

하지만 처음부터 돌발적인 업무가 발생해도 괜찮을 정도의 여유를 가지고 스케줄을 세워도 힘든 경우가 있다. 그럴 때는 자신이 담당하고 있는 업무와 돌발적인 업무의 중요도 및 긴급함의 정도를 생각해서 우선순위를 결정하는 수밖에 없다. 그리고 우선순위가 낮은 업무의 마감일을 연장할지 어떨지를 검토해 보아야 한다.

또는 조기 출근과 야근으로 처리할 수 있을지 없을지를 검토해 보는 것도 좋다.

그것으로 어떻게든 처리할 수 있다면 스케줄을 다시 짜서 실행하면 된다. 또한 자신의 일이라도 다른 사람에게 위임할 수 있는지, 다른 사람의 협력이 있으면 스케줄을 변경하지 않고 본래의 업무와 돌발 업무를 모두 완료할 수 있는지 등을 검토해 보는 것도 좋다.

단, 어느 경우든 자신만의 판단으로 결정하여 실행할 수 있는 것은 아니다. 반드시 상사의 생각을 묻고 승낙을 얻은 뒤에 변경이나 협력을 의뢰하거나 위임 과정을 밟는 것이 중요하다.

우선순위를 판단하기 위한 3가지 포인트

'정말 중요한 업무는 전체의 20%다' 라는 말이 있기는 하지만 그 중요도와 우선순위를 판단하기 위한 포인트를 짚고 넘어가도록 한다.

Ⓐ **자신에게도, 회사에도 매우 중요한 업무**
반드시 끝내고 성공시킨다.

Ⓑ **끝내야 하는 업무이지만 특별히 회사 업적에 관계되지 않는 업무**
조기 출근 또는 야근으로 총력을 다한다.

Ⓒ **기한이 정해져 있는 업무가 아니거나 반드시 자신이 하지 않아도 되는 업무**
다른 사람의 협력을 얻거나 위임한다.

당연히 우선순위는 A → B → C가 된다.

이 순서에 따라 업무의 우선순위를 정하면 된다.

돌발적인 업무를 완수하는 방법

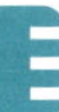

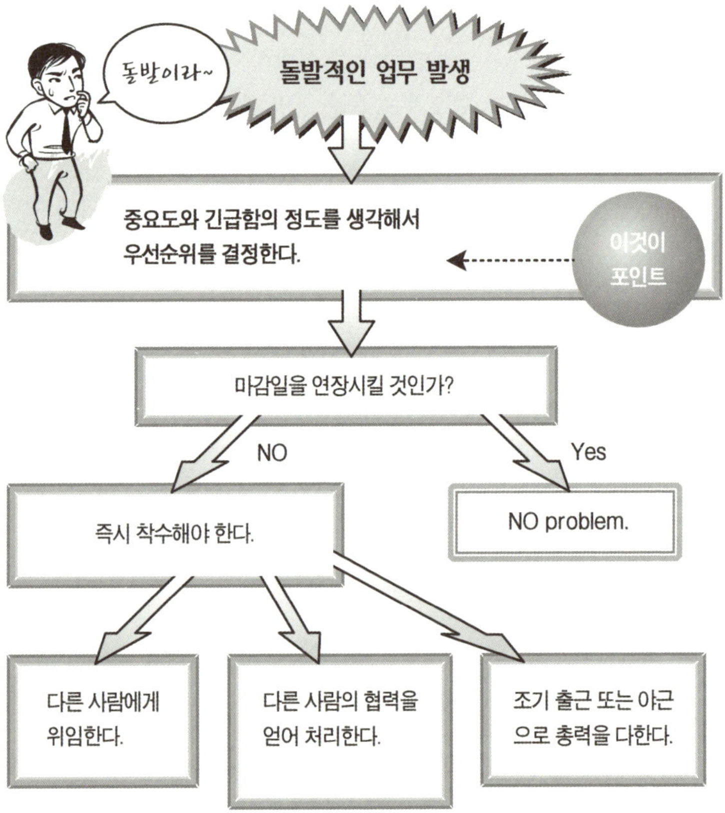

POINT!

돌발 업무는 다양한 일을 할 수 있는 찬스
반드시 긍정적으로 받아들이자.

시간을 정하면
바쁜 시기도 쉽게 넘길 수 있다

마감을 정해 놓으면 업무를 시간 내에 마칠 수 있다

사람은 누구든지 어떤 제한이 가해지면 그 안에서 어떻게든 최선을 다하게 된다. 이것은 일에서도 마찬가지여서 제한 시간이 설정되면 그 시간 안에 어떻게든 마치기 위해 진행 방법을 연구하거나 낭비를 줄이려고 노력하게 된다. 일에는 반드시 마감 시간을 정한다는 습관을 가지기 바란다.

이것이 습관이 되면 돌발 업무가 발생했을 때도 어떻게 하면 그 시간을 지킬 수 있는지, 어느 업무의 어느 부분을 어떤 방법으로 할 수 있는지 등에 대해서 머리를 쓰게 된다.

이런 것이 결국 돌발 업무를 순조롭게 마치는 열쇠가 되는 것이다.

예를 들어, 전화나 팩스 연락, 복사, 우편물의 발송 같은 세세한 작업을 포함하여 모든 업무에 마감 시간을 정한다. 시간은 자신의 능력을 생각하여 최대한 노력하면 할 수 있을 정도로 대략 정하면 된다. 너무 엄밀하게 생각할 필요는 없다.

또한 시간 내에 마칠 수 없다고 판단되면 일단 대강이라도 끝까지 마치도록 한다. 일단 형태가 잡히면 제출해야 하는 것은 제출할 수 있고 나중에 추가하거나 보충하기도 쉽다. 무엇보다도 정한 시간 내에 끝냈다는 충족감이 생기고 실적도 남는다. 또한 다음에는 어떤 점을 주의해야 하는지, 어떤 방법을 쓰면 되는지 등을 알게 되고 그런 경험을 바탕으로 한 단계 더 나아갈 수 있게 된다.

시간 제한이 있으면 불필요한 완벽주의도 버릴 수 있다

주위 사람들이 '그렇게까지 완벽하게 할 필요가 있나?' 라고 생각할 만큼 모든 것에 완벽주의인 사람이 있다. 메모 하나라도 잘못 쓴 것이 있으면 처음부터 다시 쓰고, 복사를 하는 데도 더러운 것이 묻거나 종이가 접히면 다시 하고, 조사를 시작하면 별로 관계가 없는 데이터에도 연연하여 정작 중요한 것을 놓치게 되는 경우가 있다.

이것은 결과적으로 보면 필요 없는 것들이다. 일이라는 것은 시간을 들이자고 마음을 먹으면 얼마든지 그렇게 할 수 있다. 하지만 끝이 없으면 되지 않는 것이 일이기도 하다. 시간을 들인 만큼 일의 질이 높아진다고 할 수는 없다. 일이란 정해진 기간 내에 끝내야만 처음으로 평가의 대상이 될 수 있는 것이다.

그런 **완벽주의자야말로 마감 시간을 정해야 된다.** 그렇게 하면 반드시 마감 시간을 지키기 위해 일의 효율을 높이는 방법을 선택하기 때문이다.

일에 대한 중촉감도 다르기 때문에
반드시 마감 시간을 유용하게 활용하길 바란다.

07 기획

요점을 파악하고 독창성을 덧붙인다

기획을 입안하기 전에 목적과 조건 등을 확실히 파악한다

어떤 종류의 기획이라도 구체적인 입안 작업에 들어가기 전에 **기획의 목적이나 회사의 조건** 등과 같은 내용 확인이 중요하다. 예를 들어, '이번 가을에 새롭게 발매되는 A상품의 판매 광고 캠페인에 대해 신선한 기획을 내도록' 이라는 말을 들었을 경우를 생각해 보자. 여기서 확인해 두어야 할 전제 조건은 우선 A상품의 내용이다.

판매 대상은 어떤 부류인지, 예정 가격, 유통, 내세울 특징은 무엇인지 등. 그리고 회사가 그 상품에 얼마나 힘을 쏟고 있는지, 개발에 어느 정도의 기간과 자금, 인재를 투입하고 있는지…… 그런 것들을 머릿속에 염두에 두었느냐 그렇지 않았느냐에 따라 기획에 차이가 생긴다. 이것이 기획의 목적과 배경, 내용의 파악이다.

다음은 조건의 파악. 비즈니스 사회에서는 무언가를 기획하거나 실행할 때 **사람·물건·돈·시간의 4가지** 조건을 반드시 따져야 한다. 다시 말해서 그런 제약 조건이 없는 일은 있을 수가 없다. 특히 '금전적인 조건의 범위가 확대되는 일은 없다' 라고 생각하고 있는 것이 좋다.

독창적인 기획의 달인이 되기 위해

사원 수련회의 총무로 수련회를 기획하고 실행을 하는 일도 있을 것이다. 이 경우에도 똑같이 목적과 조건, 내용을 확인하는 것이 중요하다. 과거의 실행 실적이 있는 경우에는 그 자료나 전임자의 의견, 감상 데이터를 수집하고 과제가 있다면 과제를 포함시켜서 기획을 입안하면 된다.

A씨는 매년 부서 단위로 행해지는 수련회의 총무 직을 맡게 되었다. 1박 2일, 일인당 예산은 예전과 같고 참가자는 30~40대가 많다. 그리고 여성의 비율이 높다…… 지금까지와는 다른 수련회를 하고 싶지만 수련장은 회사 연수원이기 때문에 지난해와 똑같다. 자, 그럼 어떻게 할까.

A씨는 사전에 충분히 조사하여 지금까지는 이용한 적이 없었던 2일간 유효한 버스권을 준비하고 케이블 카, 로프웨이, 배, 버스를 계속 갈아타며 하는 여행을 기획하였다. 같은 장소를 가는 것이었지만 교통편이 다른 것만으로도 신선미가 있었고 풍경도 달라 보였다고 평가가 좋았다. 게다가 친분이 있던 그 지방의 어부가 경영하는 식당에서 식사를 하고 건어물 판매점에서 쇼핑을 기획했던 A씨의 기획 여행은 대성황을 이루며 끝났다.

다시 말해서 데이터의 수집과 분석, 종래와는 다른 각도로 생각해 보기가 독창적인 발상을 만든 것이다.

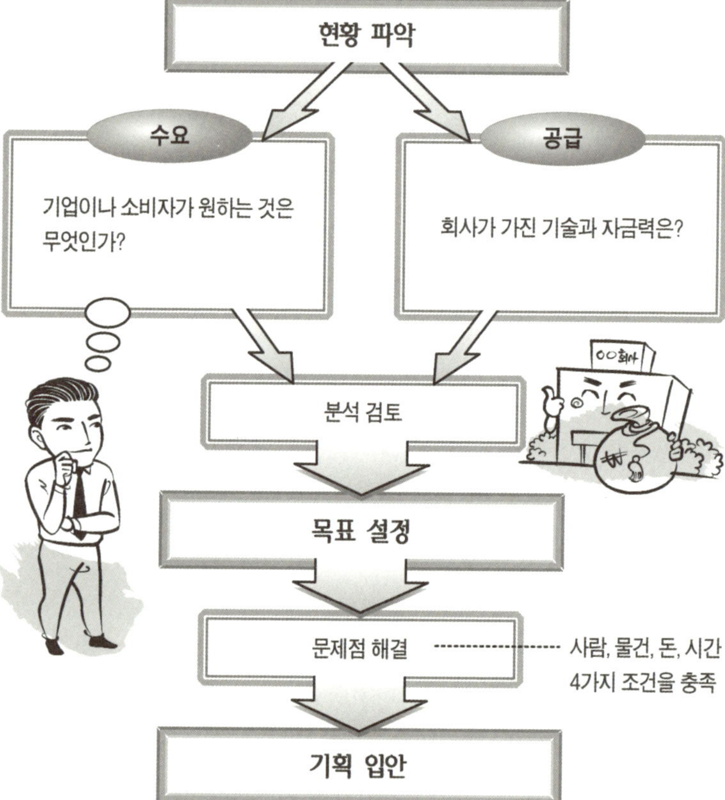

POINT!

독창적인 기획을 세우기 위해서는
수요와 공급을 지금까지와는 다른 각도에서 바라보아야 한다.

기획 실행을 위한 최종 관문이다

프레젠테이션은 준비하는 만큼 성과가 있다

기획은 순간적인 생각이나 반짝임으로 끝나서는 의미가 없다. 처음 실행했을 때 비로소 성공이라고 말할 수 있다. 프레젠테이션이란 '다양한 활동을 기획, 입안하고 그것을 실행하기 위해서 기업 관련자나 클라이언트에게 기획 내용을 설명하거나 설득하여 승인받으려는 일련의 활동'이다. 이 프레젠테이션을 무사히 통과해야 처음으로 기획이나 계획이 설정되고 곧이어 실행 단계로 들어가게 된다. 기획이 실현될지 그렇지 않을지는 프레젠테이션의 성사에 달려 있다고 해도 좋다.

프레젠테이션을 성공적으로 실현시키기 위해서는 다음의 5가지가 중요하다.

❶ **자신을 가지고 기획의 매력을 어필한다.**

자신이 없는 태도는 처음부터 승패가 결정되어 버린 것과 같다.

❷ **소도구를 활용한다.**

프로젝터, 모형, 비디오 등의 도구를 이용하여 듣는 이를 끌어들인다.

❸ 설득력 있는 화술법

유머를 섞어가며 천천히 큰 목소리로 말하면 좋다.

❹ 사전 협상을 해 둔다

반대할 것 같은 사람, 발언력이 강한 사람, 찬성해 줄 사람과 미리 협상을 해둔다.

❺ 상품의 시제품이 있다면 어필 효과가 크다.

프레젠테이션의 대가라고 불리기 위해서는

A씨는 ○○기획사의 영업부장이 된지 10년이 되었다. 편집부를 걸쳐 지금의 직위로 승진했다. 신선한 기획을 세우는 것에도 능숙하지만 프레젠테이션의 대가라고 불릴 정도로 그의 프레젠테이션은 유명하다. 그의 프레젠테이션의 대부분은 성공했다.

그 비결은 그 자신이 센스가 좋고 호감을 주는 인상이기 때문이다. '사람을 겉모습으로 판단해서는 안 된다' 라는 말을 자주 듣는다. 하지만 실제로 **사람은 겉모습으로 판단되는 경우가 많다.**

평소에도 좋은 감각을 가지고 적당히 유행에 민감하며 스마트하게 갤럭시탭이나 스마트폰을 사용하는 모습을 자주 보이는 사람은 '이 사람의 기획이라면 괜찮을 것이다' 라는 선입견을 심어 주게 된다. 유머 넘치는 프레젠테이션 진행에 주위도 어느 새인가 찬성을 하게 된다. 물론 회사 안팎에서 인망이 높다는 토양도 큰 역할을 한다.

POINT!

사내에서의 프레젠테이션에서는
평소의 생활 태도도 영향을 준다는 것을 명심하자.

상대를 설득하는 여러 가지 방법

성의 있는 태도와 말이 설득의 제1조건이다

일을 할 때 상대를 설득해야만 하는 경우가 의외로 많다. 예를 들면 사내에서의 회의는 물론 기획 프레젠테이션이나 회사 밖의 사람과 절충하거나 협의하여 문제를 처리해야 할 때 등 '사람과 관계된 경우는 반드시 설득이 필요하다' 라고 생각해도 좋을 정도이다. 설득을 해야 할 때 꼭 필요한 사항은 **상대에게 신뢰를 얻을 수 있는 성의 있는 태도로 얘기할 수 있어야 한다**는 점이다. 상대의 불안을 해소시키고 신뢰를 가지고 이쪽의 성의를 전할 수 있게 하는 포인트로는 다음의 5가지가 있다.

❶ 침착한 태도를 가지고 평소보다 느린 템포로 확실하고 밝게 얘기할 것.

❷ 상대의 주장을 끝까지 들은 후에 설득으로 들어간다. 상대가 이야기하는 도중에 말참견하지 말 것.

❸ 억지로 강요하는 듯 설득 어조는 피하고 상대의 기분을 고려한 어조를 쓴다.

❹ 특별히 강조하고 싶은 것은 열정적으로 얘기하는 것이 좋지만 감정적이 되어서는 안 된다.

❺ 될 수 있는 한 설득 내용을 뒷받침할 수 있는 숫자나 용어 등을 포함시
켜 말한다.

업종이나 업무 능력에 따라 많이 사용되는 **용어와 데이터**를 많이
알아두고 동시에 일반 사회 경제의 **시사용어와 약어**에도 익숙해 있
으면 설득력이 증대됨은 물론 업무상에도 큰 힘이 된다.

대립이나 반대가 있을 때 조정하는 방법

직 · 간접적으로 사내 외에서 클레임이 들어왔을 때 대립이나 반대가
생기는 일도 있다. 그럴 때, 이쪽에도 사정이 있거나 양보를 해서라도
상대를 설득하고 싶을 경우에는 조정을 해야 하는 필요성이 생긴다.

조정은 상대의 사정이나 클레임 내용 등을 냉정하게 듣는 것부터
시작된다. 그리고 잘못을 인정해야 하는 것은 인정한 후에 이쪽의 사
정이나 이유를 전하도록 한다. 이렇게 쌍방의 공통점과 차이점을 드
러낸 다음에는 대립이나 반대의 원인이 감정적인 것인지 아닌지를
명확히 해야 한다. 감정적인 것이라면 어느 정도 냉각기간을 두든지,
일이 중대하게 될 것 같으면 상사에게 부탁하고 조정을 받도록 한다.
감정적인 것이 아닌 경우에는 타협점을 찾기 위한 협상을 진행하도
록 한다. 타협안의 제시는 대화의 흐름과 타이밍에 따르지만 상대가
양보할 기색을 나타낼 때는 이쪽도 양보할 용의가 있다는 것을 전하
고 적절한 시점에서 타협점을 찾아야 한다. 조정은 한쪽이 양보한다
는 인상을 남기지 않고 함께 고통을 분담하여 의견을 조정하는 형태
로 정리하는 것이 바람직하다.

1 2 3
4
5 6

숫자로 표현한다.

설득력 상승

전화비가 20% 싸진다.

하루에 담배 한 갑이 절약된다.

구체적인 효능을 제시한다.

설득력 상승

이 소프트웨어 구입으로
인원 절감이 가능해진다.

앞으로 반년 동안 열심히 하면
00자격 취득을 할 수 있다.

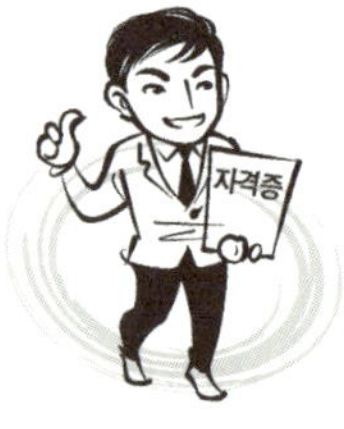

POINT!

설득력은 잔재주보다 평소의 공부가 좌우한다.

충분한 사전 조사를 통해
내 페이스로

사전 조사를 통한 상대 파악이 협상의 열쇠이다

업무상에서 협상은 사내적인 것부터 사외적인 것, 공적 기관이나 자치 단체를 상대로 하는 것 그리고 국제적인 협상 등이 있는데 어떤 상대를 대상으로 하든지 간에 꼭 필요한 것이 사전 조사다. 무엇을 조사하고 어떤 데이터가 유효한지는 대상과 협상 사항에 따라 다르지만 어떤 경우에도 공통적인 것은

- 돈(경제적 숫자 데이터)
- 주변 사정(업계나 사내 외의 동향을 살핀다. 경우에 따라서는 시장 조사도 해야 한다)
- 상대의 특징적 요소(개인이라면 취미, 기호, 흥미, 관심이 무엇인지)
- 과거에 이번의 협상 사항과 비슷한 케이스가 있었는지(경우에 따라서는 어떤 결론에 도달했는지, 그 협상에서 배울 것이 있는지를 조사한다.)

등이 있다. 단, 개인에 대해 조사할 경우에는 사회적 · 법적 문제에 걸리지 않도록 충분히 유의하는 것이 중요하다. 이러한 사항에다가

협상에 따라 필요한 항목을 플러스하는 것이 좋다.

협상 카드를 준비하고 줄다리기는 유연하고 자신 있게

협상을 할 때는 서로 양보는 여기까지라는 라인을 가지고 임하는 것이 보통이다. 그러나 그것은 가슴속에 묻어 두고 가능한 자신에게 유리하도록 얘기를 끌어가려고 노력하게 된다.

이렇게 자신의 페이스로 협상을 전개하면서 상대를 납득시키기 위해서는 어떤 협상 카드를 가지고 있는지가 열쇠가 된다.

카드는 사회적인 대의명분일 수도 있고 금액일 수도 있다. 또는 수량이나 기간, 루트, 때로는 인재 자체가 유효한 카드가 되는 경우도 있다. 협상 상대와 내용에 따라서 다양한 카드를 준비해야 한다. 당연히 이 카드의 준비도 사전 조사가 힘을 발휘한다.

이와 같이 만반의 준비가 갖춰지면 자신감을 가지고 협상에 임할 수 있다. 나머지는 유연하게 줄다리기를 하면서 쌍방이 합의하여 협상을 성립시켜 나가면 된다. 또한 **협상에 필요하다고 판단되었을 때는 양보할 수 있는 선을 명확히 나타내 둔다.** 그러면 무리한 억지를 피할 수 있어서 문제가 발생하는 것을 미연에 방지할 수 있다.

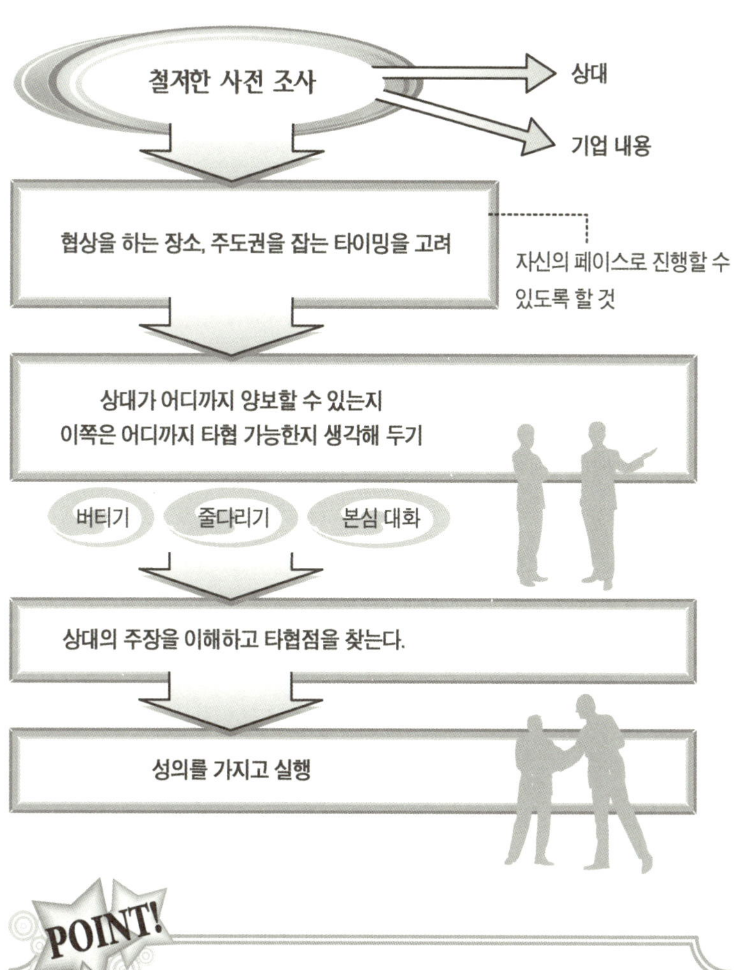
철저한 사전 조사
상대
기업 내용
협상을 하는 장소, 주도권을 잡는 타이밍을 고려
자신의 페이스로 진행할 수 있도록 할 것
상대가 어디까지 양보할 수 있는지 이쪽은 어디까지 타협 가능한지 생각해 두기
버티기
줄다리기
본심 대화
상대의 주장을 이해하고 타협점을 찾는다.
성의를 가지고 실행
POINT!
자신의 주장을 100% 관철시키는 것이 협상이 아니라는 것을 이해하자.

피하지 말고 맞서라

슬럼프를 자각했다면 원인이 무엇인지 생각해 본다

사람은 누구에게나 상승과 하향 곡선이 있다. 그런데 컨디션이 좋을 때는 자신도 느낄 수 있지만 컨디션이 좋지 않을 때는 스스로 느끼지 못하는 경우가 많다. 아무래도 최근엔 의욕이 생기지 않는다, 무엇을 해도 대강 대강이다, 막연한 불안감이 있다, 사람의 시선이나 말이 신경이 쓰인다…… 이런 상태는 누구나 경험해 보았을 것이다. 이것이 바로 흔히 말하는 슬럼프이다. 그냥 둔다 해도 상황은 호전되지 않는다. 그럼 어떻게 해야 할까? **우선 '나는 지금 슬럼프야' 라는 인식을 갖는다.** 그 자각이 슬럼프 탈출의 첫걸음이다. 그런 뒤에 원인이 무엇인가를 생각해 본다.

❶ 업무에서 실수를 했다.

❷ 상사나 동료와 인간관계가 순조롭지 못하다.

❸ 업무의 성과가 오르지 않는다.

❹ 상사의 평가에 불만이 있다.

❺ 지금의 업무가 맞지 않는다고 생각한다. 업무가 재미없다.

❻ 개인적인 문제가 있어서 업무에 집중할 수 없다.

❼ 몸 상태가 좋지 않다.

❽ 장래에 대한 불안감이 있다.

이와 같이 원인을 구체화시켜 보면 무엇을 어떻게 하면 되는가가 보이게 된다.

슬럼프에 적극적으로 맞선다

업무상 실수를 했다면 실수를 일으킨 원인과 이유가 있을 것이기 때문에 그것을 찾아서 같은 실수를 반복하지 않도록 대응책을 준비한다. 실수를 계속 신경쓴다면 앞으로 나아갈 수 없다. '나는 할 수 있다', '이번엔 제대로 될 것이다' 라고 자기 암시를 거는 등 자신을 격려하는 것이 필요하다. 성과나 평가에 대한 불만이 있을 경우도 마찬가지이다. 원점으로 돌아가서 원인을 철저히 분석해 본다. 겸허하게 반성하고 다음 행동에 반영해야 한다. 인간관계에 문제가 있을 때라면 다음을 생각하자. 나 자신이 상대방에 대해 능숙하지 못하다는 인식이나 혐오감을 갖고 있다면 상대방도 똑같이 그렇게 생각하고 있는 경우가 대부분이다. 그와 똑같이 호의는 호의로 돌아오는 법이다. 인간관계의 회복에는 내 쪽에서 적극적으로 행동을 하는 것이 제일이라고 말할 수 있다. 하나 하나씩 긍정적으로 문제를 해결하여 슬럼프에서 하루라도 빨리 탈출하여 보다 충실한 비즈니스 라이프를 보낼 수 있도록 하는 것이 바람직하다.

슬럼프에서 탈출하기 위해서는

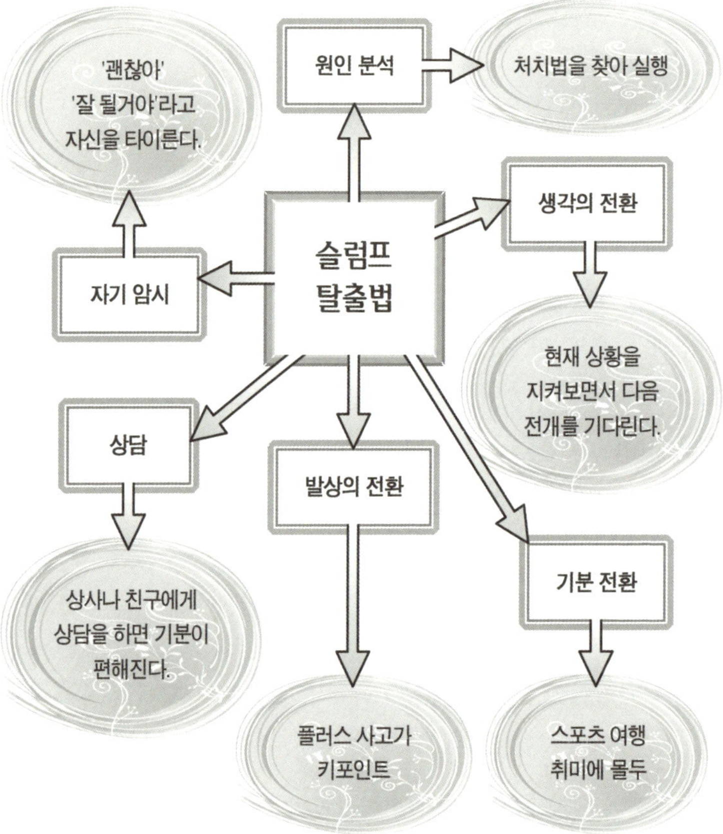
슬럼프
탈출법
원인 분석
처치법을 찾아 실행
자기 암시
'괜찮아'
'잘 될거야'라고
자신을 타이른다.
생각의 전환
현재 상황을
지켜보면서 다음
전개를 기다린다.
상담
상사나 친구에게
상담을 하면 기분이
편해진다.
발상의 전환
플러스 사고가
키포인트
기분 전환
스포츠 여행
취미에 몰두

POINT!

어쨌든 적극적으로 슬럼프에 맞설 것.
도망치면 아무것도 시작할 수 없다.

자기향상을 게을리 하지 말라

자기계발은 다음 단계로 가기 위한 준비이다

사원으로서 자기계발을 하려면 제일 먼저 자기 자신의 능력을 체크해야 한다. 부각시켜야 하는 장점은 무엇인가, 극복해야 하는 단점은 무엇인가, 부족한 능력은 무엇인가 등 객관적으로 자기 점검을 해본다.

사무 처리가 능숙하지 못한가, 영업 쪽의 회화 능력이 부족한가, 아니면 사무 지식이 부족한가…… 또는 다음 단계로 올라갔을 때를 대비하여 무엇을 하면 도움이 될까, 대외적인 협상 능력은 괜찮은가…… 이처럼 구체적으로 생각해 가면 지금 자신이 해야 하는 일, 장래에 마스터해야 하는 일이 명확해질 것이다.

해야 할 일이 확실해지면 그 목표를 실현시키기 위한 방법도 보일 것이다. 그런 다음 자격시험을 대비해 공부를 시작한다든가, 약점 극복을 위한 훈련을 일상에 포함시키는 등 자신이 원하는 모습에 한 발이라도 다가가기 위해 곧바로 실천을 하는 것이 중요하다.

한 달에 한 번, 3개월, 반년, 일년으로 정기적으로 자기계발 체크를 해보자. 목표를 향해 어느만큼 노력을 했는지, 어느 정도 레벨 상승이 됐는지, 무엇을 하지 못했는지 또는 다음에 설정할 목표는 무엇인지 등 지속적으로 자신을 재평가하는 것이 필요하다. 이런 반복이 쌓이게 되면 어느 샌가 이전의 자신을 훨씬 뛰어넘어 새로운 내일의 활력을 만들어 나갈 수 있는 것이다.

나는 어떤 인간인가, 어떤 삶을 살고 있는가

자신의 인격이나 능력을 향상시키기 위해서는 의식적으로 스스로를 훈련하는 노력을 해야 한다. 이것이 진정한 자기계발의 의미이다. 즉, 나의 장점과 단점은 무엇인가, 무엇을 잘하며 무엇을 잘하지 못하는가, 어떤 나이기를 바라는가 등 현재의 자신과 목표하는 자신의 모습을 생각해서 목표에 다가가기 위한 노력을 한다는 의미이다. 예를 들어, 교양을 쌓기 위해 책을 읽거나 자격증을 취득한다든가 혹은 수화나 어학, 심리학을 공부하는 것도 좋을 것이다.

또한 체력적인 지구력·내구력耐久力이 부족하다면 운동을 해서 몸을 단련하는 등 자기계발의 방법은 다양하다. 그리고 이런 것은 사람으로서 평생에 걸쳐 노력해야 하는 것이라고 말할 수 있다.

자기계발을 하여 자신을 향상시키려면

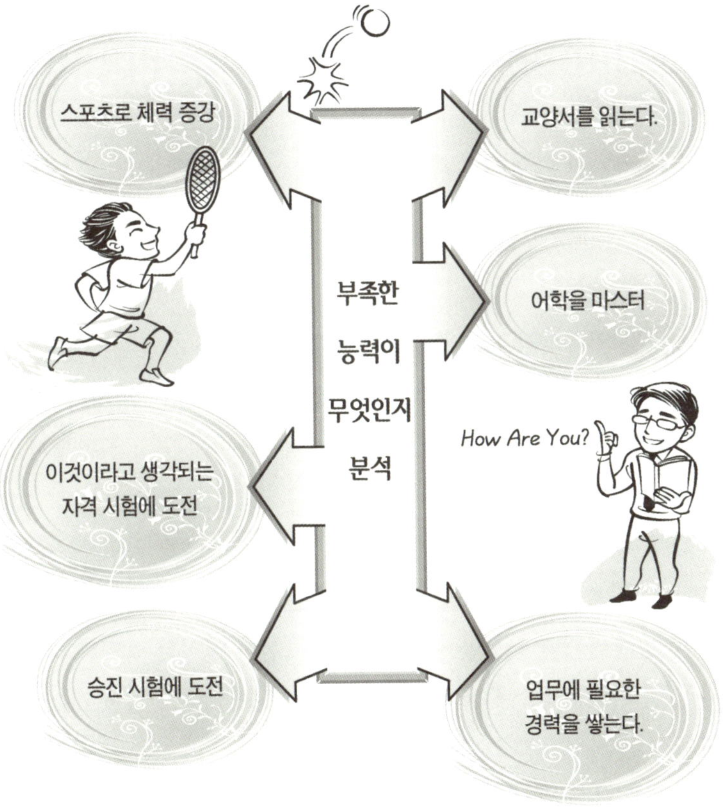

POINT!

정기적으로 자신의 레벨 향상을 체크하자.
목표를 설정하는 일이 효과를 올리는 방법이다.

리더십을 몸에 익혀라

사람은 인간적인 매력에 끌리게 된다

카리스마라는 단어가 유행이다. 기업의 최고 경영자들도 미용사도 의상실의 판매원도 뛰어난 인물에게는 카리스마가 있고 사람들이 모여들게 된다.

원래 카리스마란 초인간적·비일상적非日常的 자질을 의미하는 그리스어다. 많은 사람을 매료시키고 존경받는 지배자들은 보통 사람과는 다른 분위기와 관록을 갖추고 있다. 그러나 뛰어난 리더란 타고난 자질 이외에도 평소에 노력을 더해야 이룰 수 있다는 점을 인식해야 한다.

리더가 되기 위해서는 지도력과 통솔력 등 몇 가지의 조건이 필요하다. 그러나 슈퍼맨이 아닌 이상 완벽한 능력을 가진 사람은 존재하지 않는다.

그리고 사실 이런 조건들은 다른 사람이나 부하 직원이 대신할 수 있는 경우가 많다. 업무상의 능력을 몸에 익히는 것보다 중요한 것은 매력이 풍부한 사람이 되는 것이다. 다른 사람이 '이 사람을 위해서라면 두팔 걷고 도와주고 싶다', '적은 힘이지만 도움이 되고 싶다'

라고 생각하도록 만드는 사람이 되는 것이 근본적으로 리더십을 몸에 익히는 것이 된다. 그러기 위해서는 평소에 자신을 갈고 닦는 것을 게을리 하면 안 된다.

리더의 조건이란

다음에 나열한 것들이 리더의 조건이다.

❶ **지도력** – 부하의 능력과 의욕을 끌어내는 지도력. 우수한 인재로 키우는 능력. 적재적소에 사람을 배치하여 최대한 힘을 발휘할 수 있게 한다.

❷ **통솔력** – 논리적 · 심리적으로 모두를 납득시켜 사람들을 활동적으로 목적을 향해 움직이게 한다. 신념과 정열이 있어야만 달성할 수 있다.

❸ **판단력 · 결단력** – 항상 침착하고 냉정하게 타이밍을 놓치지 않고 결단하는 힘. 대담하면서도 세심할 것.

❹ **행동력** – 사람이나 조직을 통솔하여 솔선해서 행동하는 힘.

❺ **정보력** – 목적을 위해서 정확한 정보를 수집하고 그것을 분석하는 힘.

리더십을 몸에 익힌다는 것은 비즈니스맨으로서의 영역을 넓힌다는 것이다.

자연히 승진 기회도 생길 것이다. 일을 하는 이상, 보다 크고 보람 있는 일을 해보고 싶을 것이다. 큰 업무나 직위에는 그에 따른 책임이 따른다는 것을 항상 염두에 두어야 한다.

뛰어난 리더의 조건은

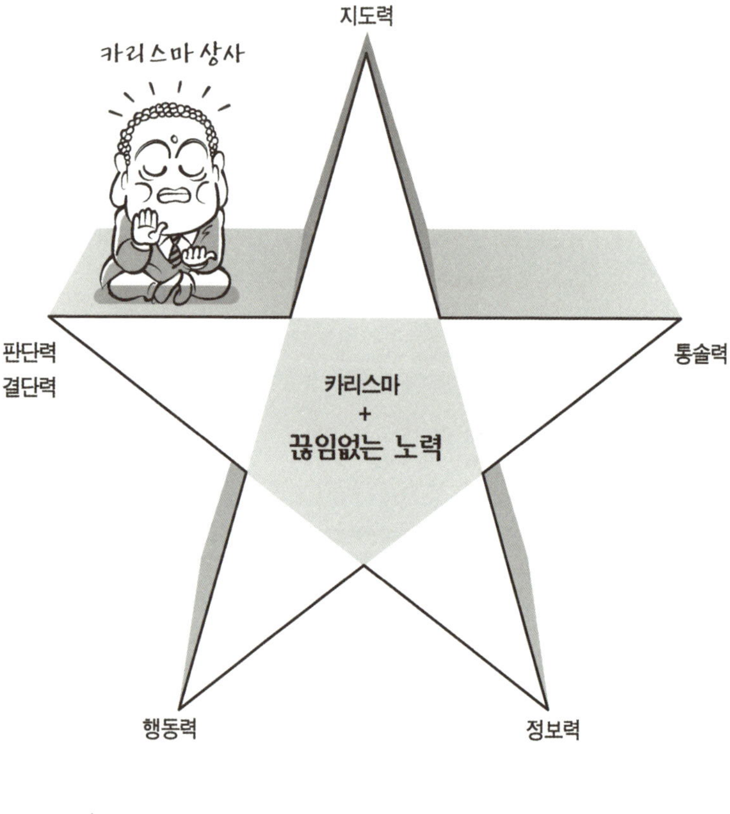

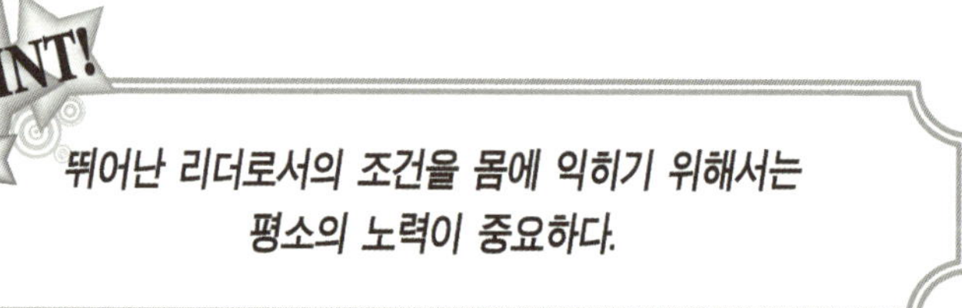

POINT!

뛰어난 리더로서의 조건을 몸에 익히기 위해서는 평소의 노력이 중요하다.

업무의 기본

시간 엄수는 기본 중의 기본

업무 시작 15분전에는 준비를 마쳐 둔다

최근 기업에서도 플렉스 타임 제도를 채용하고 있는 회사가 늘고 있다. 업무 시작 시간에 아슬아슬하게 사무실로 뛰어 들어와 출근 카드를 찍고 한숨을 돌리는 것은 구시대의 유물이 되는 것일까. 그러나 출퇴근을 둘러싼 관념은 아직도 남아 있다. 거기서 일에 대한 자세를 보기 때문이다. 정해진 시간은 무슨 일이 있어도 지키지 않으면 안 된다.

평가를 가장 나쁘게 하는 것이 지각이다. 상사나 선배보다도 빨리 출근해야 한다고는 말하지 않겠지만 업무 시작 15분전에는 출근해서 준비를 해 두어야 한다. '숙취로~', '늦잠을 자서~' 등은 어떤 경우에서든 하면 안 되는 말이라는 것을 염두에 두어야 한다.

어떤 직업, 기업이라도 반드시 '시간 엄수'의 원칙은 항상 따라다닌다. 학생 시절이나 사적인 일상생활과 같은 사고방식으로 임해서는 안 된다. 특히 거래처와의 약속 시간에 늦는다거나 회의에 지각한다는 것은 당치도 않다. 그 5분, 10분의 지각이 큰 거래를 망치고 애써 입안한 자신의 기획을 제안해 보지도 못하고 끝내 버리게 한다.

또한 사내에서의 평가도 완전히 떨어지게 된다.

"저 녀석은 시간도 지키지 못하는 못난 놈이야.", "약속을 해도 믿을 수가 없어." 등 득이 되는 일은 하나도 없다.

따라서 출근 시간은 물론 거래처와의 상담 등에서도 정해진 시간보다 15분전에 먼저 도착하는 것이 좋다. 그렇게 한다면 그 15분 동안 기분 전환을 할 수 있고 여유를 가지고 구체적인 업무에 임할 수 있다.

15분 지각할 것 같은 때는 30분 늦을 것 같습니다 라고 빨리 연락한다

충분히 주의를 해도 교통 사정 등으로 늦는 경우가 있다. 그런 때에는 반드시 빨리 상대방에게 연락을 해야 한다. 15분 지각이 예상되는 경우에는 "죄송합니다. 전철 사고로 30분 정도 늦을 것 같습니다만"이라고 연락을 하고 최대한 빨리 가도록 한다.

그러면 상대방은 30분 늦을 거라고 생각하고 있었는데 15분만에 달려와 주었구나 라고 생각하여 지각보다는 그 태도가 인상에 강하게 남게 된다. 마이너스가 될 뻔한 일이 플러스로 바뀔지도 모르는 것이다. 전화를 걸 시간이 아까워 그 시간에 뛰는 것보다는 일단 연락을 하는 것이 중요하다.

이때, 다른 사람에게 말을 전해 줄 것을 부탁하거나 늦은 후에 사정을 이야기하는 것은 절대 금지다. 반드시 자신이 사전에 연락을 하는 것이 기본이다.

POINT!

한 번 잃은 신뢰를 되찾는 일은 쉽지 않다!
절대로 시간만은 지키자!!

책상은 정리정돈하여 사용하기 편리하게

의욕과 효율 상승을 도와주는 것은 깔끔한 책상이다

"그 서류는 어디 있지?", "A씨의 전화번호가 몇 번이었지?" 등, 물건을 찾는 시간은 완전히 낭비이다. 찾는 동안 업무 의욕도 떨어진다. 그렇게 되지 않기 위한 책상 정리의 포인트 5가지가 있다.

❶ 모든 물건의 위치를 정한다.

문구, 주소록이나 명함, 현재 진행 중인 업무 서류 등 각각의 서랍을 정해서 사용한 뒤에는 반드시 원래의 위치에 놓도록 한다.

❷ 책상 위에는 현재 진행 중인 업무와 관계가 있는 것들만 놓아둔다.

책상 위에 필요 없는 자료가 있으면 정신이 산만해져서 현재 업무에 집중할 수 없게 된다. 충분한 공간을 확보해서 지금 하는 업무에 전념하면 효율도 상승한다.

❸ 사용 빈도가 높은 서류는 큰 클립을 끼워둔다.

업무를 진행하는데 다양한 종류의 자료와 서류가 필요한 경우가 많다. 그럴 때 자주 사용하는 주요 서류 등은 큰 클립을 끼워 두는 것이 좋다.

컬러 클립으로 자기 나름대로 색을 달리하여 정리해 두는 방법도 있다.

❹ **사용 빈도가 높은 전화번호와 팩스번호, 주소 등은 일람표로 해서 눈에 띄는 곳에 붙여둔다.**

❺ **기분 전환용 사진이나 달력을 책상에 올려 둔다.**

책상의 한쪽 구석에 자신이 좋아하는 사진이나 탁상 달력 등을 놓거나 붙여둔다. 업무 사이의 틈새 시간에 바라보는 것만으로도 긴장 완화가 되고 효율성도 있다. 단, 다른 사람이 봐도 불쾌해 지지 않는 것만 붙이도록 한다.

서류를 정리하여 일하기 편한 책상으로

자료·서류는 일년에 한 번, 연말 대청소 때 정리를 하는 것뿐이라고 생각하는 사람은 능력 있는 비즈니스맨이 될 수 없다는 것을 알아야 한다. 하나의 업무가 끝나면 그동안 사용했던 서류를 점검해서 보관용과 처분용으로 나눈다. 판단이 서지 않는 것은 3개월간 기간 한정을 붙인 일시 보관용 상자(서랍)에 보관하고 기간 내에 한 번도 사용하지 않은 것은 처분한다. '언젠가 도움이 될지도 모른다' 라는 생각은 완전히 버릴 것. 구체적인 용도나 중요성이 없는 것은 그대로 쓰레기가 될 가능성이 크기 때문이다. 서류의 보관에는 클리어 파일 케이스, 박스 등을 이용하여 날짜와 테마를 한눈에 알 수 있도록 해 두면 좋다.

POINT!

필요 없는 자료 서류는 단호하게 버리자.

알아두어야 할 성희롱 기본 상식

성희롱 같은 것은 자신과 관계없다는 의식은 위험하다

매스컴 보도에서 성희롱 문제가 자주 다루어지고 있다. '그럴 생각이 아니었는데……' 라는 사태가 되지 않도록 여기서 구체적인 성희롱 사례를 다뤄 보겠다. 내 자신을 되돌아보고 인식을 새롭게 하길 바란다.

❶ 직장 내에서 여성의 누드나 수영복 사진·포스터류를 붙여둔다. 혹은 남성 잡지를 보며 외설적인 얘기를 한다.

❷ 체격이 좋은 여성에게 "무 다리", "A사의 다이어트 약이라면 살이 빠질지도 몰라" 등 신체적인 특징을 놀린다.

❸ 남성 사원들끼리 여성 사원을 대상으로 '각선미 베스트3', '두꺼운 화장 베스트3' 등을 정하는 놀이를 한다.

❹ 노래방에서 듀엣을 끈질기게 재촉한다거나 술을 권한다.

❺ 신체 사이즈를 묻거나 가슴이나 허리, 엉덩이에 불쾌한 시선을 보낸다.

❻ 성적인 농담을 하거나 메일을 보낸다.

❼ 개인적인 비밀이나 성적인 정보를 알고 싶어한다. 그런 정보를 퍼뜨리거나 험담한다.

❽ 업무를 핑계로 불러낸다.

❾ 몸을 만지려 한다, 또는 만진다.

❿ 여성이기 때문이라며 차 시중이나 청소, 복사일 등을 시킨다.

오해로 저지른 일 때문에 여사원에게 비난을 받은 E씨

E씨는 대학을 졸업하고 입사한지 2년째. 동기들의 술자리 모임에서 S씨가 자신과 똑같이 낚시를 좋아한다는 것을 알게 된다.

E씨는 기뻐서 계속 S씨의 곁에 앉아 손과 다리, 어깨를 잡고 낚시를 가르쳐 주었다. 이것으로 친해졌다고 생각했기 때문에 며칠 후에 사내에서 S씨를 만났을 때 "어이"라고 말하면서 뒤에서 어깨에 손을 올렸다. 그러자 S씨는 "까아아" 하고 소리치며 울음을 터뜨려 버렸다.

E씨는 상사에게 불려가 주의를 받았다. 사실은 S씨는 E씨가 싫었는데 동기이기 때문에 어쩔 수 없이 대화를 나눈 것뿐이다. 술자리 모임에서 몸을 건드려 불쾌했던 데다가 사내에서 갑자기 자신을 만졌기 때문에 혐오감에 울음을 터뜨리고 말았던 것이다. E씨는 사죄만으로 일단락되긴 했지만 그 후, 자신에게 향하는 여성들의 불쾌한 시선에 힘들다고 한다. 이런 언행이 성희롱인지 아닌지는 오로지 여성 쪽에 달렸기 때문에 판단이 어렵지만 오해를 불러일으킬 만한 일은 하면 안 된다.

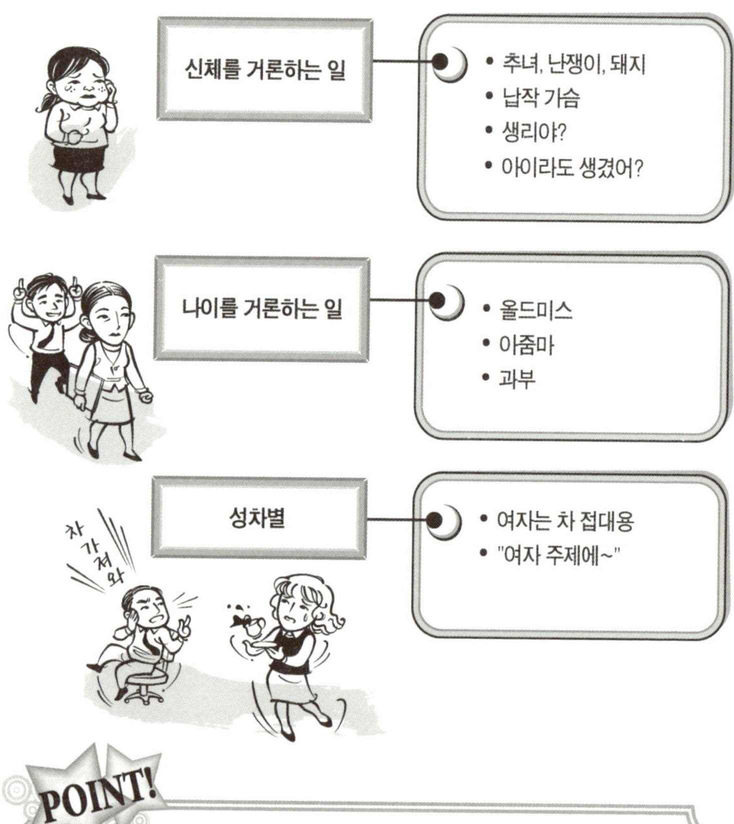

POINT!

동기 사원은 자기도 모르게 당연히 이해해 줄 거라고 생각하고
배려심이 없어지게 된다. 평상시의 언행에 충분히 주의하자.

5W2H를 염두에 두고
지시는 확실하게 받는다

5W2H 명심하면 문제 없다

상사가 부르면 "네."라고 대답하고 바로 자리에서 일어난다. 이것이 적극적인 태도를 나타내는 것이다. 그리고 상사의 책상 앞이나 옆에 서서 얘기를 듣는다. 상사가 자신의 자리로 와서 지시를 할 때는 일어나서 듣는 것이 좋다. 내용의 확인이나 질문은 얘기를 끝까지 들은 뒤에 한다.

지시를 받을 때에는 5W2H를 염두에 두고 듣는 습관을 들이는 것이 좋다. 이 방식으로 지시 내용을 정리하면 내용의 불명확한 부분이나 부족한 부분이 명확해진다. 그럼 5W2H에 대해 알아보자.

Why(왜) : 목적, 이유
What(무엇을) : 대상
Where(어디서) : 장소, 행선지
When(언제) : 일시, 기한
Who(누가) : 실행자, 협력자

How(어떻게) : 순서, 방법
How much(얼마나) : 비용, 수량

지시 받는 도중에 질문을 하지 말고 끝까지 들은 뒤에 요점을 정리한다. 그런 뒤에 부족한 부분이나 불명확한 점은 질문하여 확인해 둔다. 사람은 자신이 잘 아는 것일수록 다른 사람에게 전할 때 무언가를 빼먹거나 불명확한 표현을 하기 쉽다. 게다가 그 사람만의 말버릇도 있다. 그렇기 때문에 말하는 사람의 입장에 서서 침착하고 냉정하게 애기를 들어야 한다.

"못합니다", "무리입니다"는 절대 금물

상사의 지시에 대해 "못합니다", "무리입니다"는 해서는 안 되는 말이다. 힘든 부분이지만, 실행하기 어려워도, 어깨가 무겁더라도 원칙적으로는 받아들여야 하는 것이라고 마음에 새겨 두길 바란다.

'그럼 그 후엔 어떻게 해야 할까' 라고 발상을 전환하여 구체적인 방법을 생각하면 되는 것이다. 협력자나 경비, 시간 등이 필요하다면 상사에게 요청하고 조정이 가능한지 묻는 것이 좋다. 단, 경솔하게 떠맡거나 자신을 자만하여 "맡겨 주십시오" 라고 애기해서는 안 된다.

호명을 받으면 "네"라고 대답을 하고 일어난다.

상사의 책상 앞이나 옆에서 지시를 받는다.

5W2H로 지시를 정리(요점은 메모)

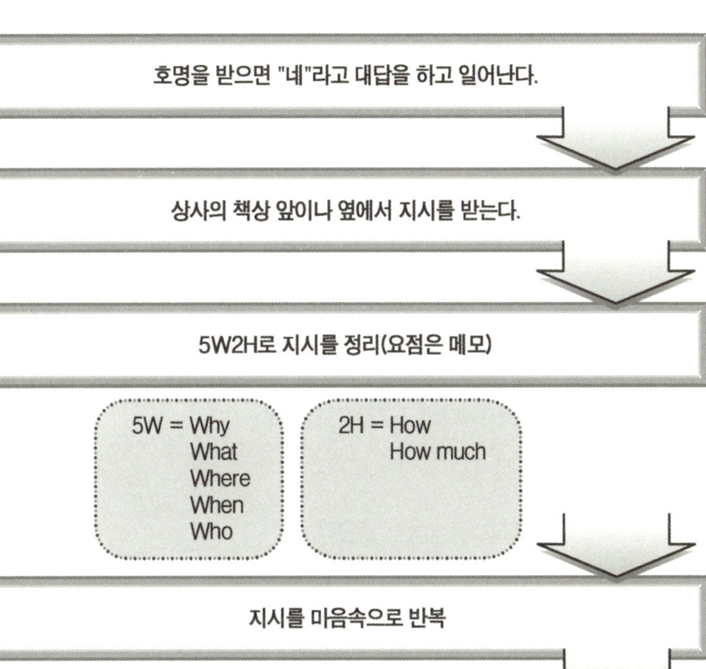

지시를 마음속으로 반복

불명한 점, 의문점은 즉시 확인하여 해결한다.

POINT!

우선 업무를 받는다. 그런 뒤에 대책을 세운다.

05

좋은 인상을 줄 수 있는 대화법을 익힌다

좋은 인상을 주는 대화법 5가지 포인트

❶ 큰 목소리로 밝고 확실하게 말한다.

중얼거리는 작은 목소리는 너무 자신 없어 보이기 때문에 금지. 인상도 어두워서 신뢰를 얻기 힘들다.

❷ 시작과 끝에 인사를 확실하게 한다.

"처음 뵙겠습니다. 전 영업부의 강나루입니다" 라고 고개 숙여 인사를 한다. 대화가 끝나고 퇴실(퇴사)을 할 때도 "오늘 감사했습니다. 앞으로도 잘 부탁드리겠습니다" 라고 예의를 차리고 "그럼, 실례하겠습니다" 라고 인사를 한다. 이때도 고개를 숙이는 것을 잊지 말자.

❸ 바른 자세로 상대의 눈을 보고 얘기한다.

서 있거나 앉아 있을 때도 등을 곧게 펴고 자세를 바르게 하는 것이 기본이다. 손은 가볍게 무릎 근처에 모아서 올려놓고 다리는 가지런히 한다. 팔짱을 끼거나 다리를 꼬는 것은 거만하게 보이게 되고 다리를 떠는 것은 야무지지 못한 인상을 주기 때문에 해서는 안 된다.

❹ 학생 같은 말투는 버리고 사회인으로서 경어, 정중한 말씨를 익힌다.

❺ 대답은 명료하게, 얘기 도중에 끼어들지 않는다.

상대가 말을 하는 도중에 끼어들지 않는다. "그렇군요(그렇습니까?)" 등의 긍정적인 맞장구를 쳐주면 좋다. 무언가 반론이나 다른 의견이 있을 때는 상대의 얘기를 긍정한 뒤에 제안하는 형태로 해야 한다.

T・P・O에 맞춘 높임말과 낮춤말 사용법을 잘 익힌다

T・P・O, 즉 Time(시간), Place(장소), Object(목적)에 따라 적절히 대처할 줄 알아야 한다. 자신보다 사회적인 위치(회사의 선배, 지위가 위인 사람, 거래처 손님 등), 나이, 경력이 위인 사람은 윗사람으로서 존경의 뜻을 나타내는 말씨와 행동을 하는 것이 매너이기 때문이다. 상황에 따라 높임말도 사용법이 달라진다. 예를 들어, 사외社外 사람에게는 "저희 회사 영업부장인 김 부장이 말씀드리고자 하는 것은 어제 귀사 기획부의 박 과장님을 뵈었을 때⋯⋯"가 되지만 사내의 사람과 이야기할 경우엔 "김 부장이 얘기했습니다만 어제 A사 기획부의 박 과장과 만났을 때⋯⋯"가 된다.

또한 자신은 '전, 제가' 라고 하고 상대는 '씨, 님'을 붙여 부르는 것에 주의하자. 최근에 학생 말투인지 '전, 제가' 대신 '나' 라고 말하는 사람이 있는데 피하는 것이 좋다.

학생 같은 말투는 엄금

뻥이지!　　대빵 위험해　　진짜?

윗사람에게 사용하는 말이 아니다.

잘하셨습니다.　⟶　훌륭하십니다.

수고하셨습니다.　⟶　고생하셨습니다.

"예"의 연발은 피한다.

"예, 감사합니다"

"예"만으로 끝내는 것은
건방지다는 느낌을 준다.

POINT!

먼저 큰 소리로 확실하게 말할 것.
이것만으로도 당신의 인상은 많이 달라진다.

일의 기본은
보고와 연락, 상담이다

상사에게 하는 보고는 적절한 타이밍에 간략하게 한다

회사는 조직이기 때문에 큰 성과를 올릴 수 있도록 팀웍을 짜서 업무를 추진한다. 그러기 위해서는 보고와 연락, 상담이 기본 사항이다. 자잘한 것이라고 자기가 판단하여 보고를 하지 않는 것은 아주 좋지 않다. '이건 나만 이해하면 되는 일이야', '나중에 보고해도 돼' 등과 같이 마음대로 판단해서는 안 된다. 그 정보가 중요한지 아닌지는 상사의 판단에 따라야 한다.

또한 자신이 범한 실수를 감추고 보고와 연락, 상담을 뒤로 미루면 커다란 트러블이나 실패를 초래하게 된다는 것을 염두에 두어야 한다. 어떻게든 다른 사람에게 걱정을 끼치지 않기 위해서 자신의 힘으로 해결하려고 하게 되는데 오히려 큰 실수를 저지르기 쉽다. 자기 자신의 평가를 내리는 것뿐만 아니라 회사 전체의 이미지 손실로 이어지는 일도 있으므로 그럴 때는 신속하게 보고해야 한다.

보고 포인트의 5가지를 보면 다음과 같다.

❶ 업무가 끝나면 바로 보고한다.

❷ 결론→이유→경과순으로 보고한다.

❸ 문장, 그림, 숫자를 적절히 사용하여 이해하기 쉽게 보고한다.

❹ 사실과 자신의 의견, 감상을 명확하게 구별한다.

❺ 정확성, 간결성, 완벽성에 주의를 기울인다.

보고와 연락, 상담은 전화나 구두로 전하는 것이 가장 빠르지만 중요한 경우에는 문서로 남겨 둘 필요가 있다. '말했다', '말하지 않았다', '듣지 못했다' 등과 같은 트러블을 피하기 위해서도 중요하다.

중간 보고를 착실히 하면 업무가 순조롭게 진행된다

상사는 결과를 알고 싶어하는 동시에 항상 진행 경과를 파악하고 싶어한다. 업무가 오래 걸리는 경우, 좀처럼 결론에 이르지 못하는 경우, 상황이나 방침이 도중에 바뀐 경우에는 중간 보고를 하는 것이 좋다.

가정 문제가 생겼다거나 예정대로 진행되지 않는 경우에는 중간 보고를 착실하게 해 두면 좋다. 신속하게 경과 보고를 하는 것으로 상사에게 도움을 받을 수 있다. 그리고 그럴 때야말로 경험이 풍부한 상사가 나설 차례이므로 부탁을 하는 것도 업무를 순조롭게 진행시키는 방법이다.

업무 시작

중간

업무 완료

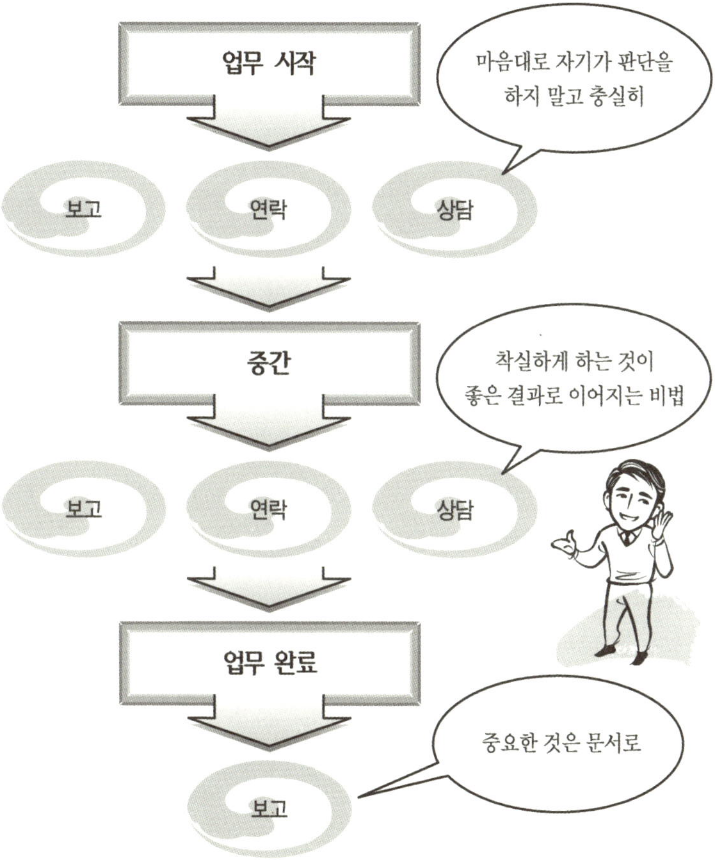

POINT!
실수를 했을 때야말로 보고, 연락, 상담을 신속하게 할 것.
실패는 누구나 하는 법, 무엇보다도 그것을 빨리 처리하여
원상 복구하도록 해야 한다.

유머를 섞어
밝고 인상 깊게 한다

상사나 선배 사원에게 자신의 존재를 PR하는 절호의 기회다

입사 때나 사원 연수 또는 새로운 부서에 배치되었을 때 등, 항상 따라다니는 것이 자기 소개다. '전 자기 소개를 잘 못해서'라는 사람도 있겠지만 지금부터는 그런 소극적인 생각은 버리고 '빨리 내 이름을 기억해 줄 수 있도록', '자기 PR의 기회다'라는 적극적인 발상으로 바꾸길 바란다.

겨우 몇 분간의 자기 소개지만 좋은 인상을 주면 순조로운 인간관계와 비즈니스 라이프를 시작할 수 있다.

그럼 그 포인트가 되는 5가지를 들어보도록 하겠다.

❶ 큰 목소리로 평소보다 조금 천천히 밝게 말한다.

❷ 등을 펴고 시원한 자세와 태도로 말한다.

❸ 이름이 쉽게 기억하기 어려운 것이라면 어떤 한자를 쓰는지 얘기한다.

❹ 출신지나 출신학교 또는 취미나 특기 등 특징적인 프로필을 덧붙인다.

❺ 유머를 섞어서 인상 깊은 자기 소개를 힌디(직장 분위기에 맞춰서).

적극적인 태도를 보이는 것이 중요하다

뭔가 인상 깊은 자기 소개를 생각하는 것도 좋지만 학생 시절의 느낌으로 농담이나 개그로 분위기를 이끌면 실패하는 경우도 많다. 지금 속해 있는 곳은 비즈니스 사회. 게다가 상사·선배 사원이 모여 있는 가운데에서 자기 소개를 하는 것이다. 그러므로 자기 소개에는 "앞으로 열심히 업무를 익혀서 여러분께 도움이 될 수 있는 사람이 되겠습니다." 같은 업무나 인간관계에 대한 적극적인 태도와 마음이 자기 소개에 포함되어야 한다.

실제로 농담이나 개그의 인상이 강하면 강할수록 본래 전하고자 했던 업무에 대한 열의나 마음이 가려져 버린다. 그리고 다른 사람들이 '저 녀석은 일할 마음이 있는 거야 없는 거야?' 라든가 '취직 자리를 잘못 선택한 거 아니야?' 라는 생각을 하게 만들 수도 있다. 이런 것은 모처럼의 자기 소개 기회를 살리기는커녕 오히려 무덤을 파는 일이 될 수도 있다.

자신이 소속되어 있는 직장의 환경이나 분위기를 생각해서 절도節度와 센스가 있는 자기 소개를 하도록 하자.

POINT!

뒤로 빼기보다는 적극적인 태도로 자신을 어필해 두자,
그리고 자기 소개에서 당신의 인상이 약했더라도
업무에서 되돌리면 된다.

몸에 익혀 돌이킬 수 없는
실수를 예방한다

작은 실수를 가볍게 보면 큰 손실을 초래하게 된다

원자력 발전소 사고나 터널 붕괴 사고 등을 보면 알겠지만 '작은 실수를 가볍게 보거나 놓치면 나중에 큰 사고로 이어지는 경우가 있다.

예를 들어, 검사원이 불량품을 보지 못하고 지나치면 사고가 일어나거나 고객의 신용을 잃게 되기도 한다. 또한 경리부의 사원이 은행 계좌번호를 잘못 알려주면 나중에 수금을 못하게 된다. 상품번호 표시의 잘못을 놓치게 되면 상품이 회수되고 유통, 판매점과 고객의 신용을 잃게 된다.

이렇게 예를 들면 끝이 없지만 어느 실수든 회사 전체의 경제적 손실과 사회적 손실을 초래하게 된다. 그런 사태를 초래하지 않기 위해서는 작은 실수도 가볍고 보지 말고 실수의 원인을 반드시 찾아서 똑같은 실수를 반복하지 않도록 한다.

잦은 실수의 원인을 들면 다음과 같다.

❶ **규칙 위반** – 업무의 순서나 규칙이 귀찮다고 마음대로 생략하면 실수가 발생한다.

❷ **지식 부족** – 상황 파악이 되지 않는다거나 과신, 무책임한 생각에서 실수가 발생한다.

❸ **업무에 익숙해짐** – 익숙함으로 긴장감이 풀려 기본을 잊는다거나 착각에 의해 실수가 발생한다.

❹ **바쁘거나 업무의 중복** – 주의를 기울이지 못하거나 업무가 중단되어 실수가 일어난다.

❺ **의욕 저하** – 인간관계의 고민이나 체력 저하 등으로 의욕이 떨어졌거나 집중력이 모자라서 실수가 일어난다.

자기 점검을 잘하면 실수를 예방할 수 있다

실수를 하고 싶어서 하는 사람은 없다. 그러나 실수는 발생한다. 그럴 때 "폐를 끼쳐서 죄송합니다."로 끝낼 것이 아니라 실수의 원인을 찾는 것이 중요하다. 원인을 알게 되었다면 무엇을 어떻게 개선해야 좋을지가 명확해지고 규칙이나 시스템을 재점검하는 계기가 될 것이다.

실수의 원인을 찾아보면 자기가 하기 쉬운 실수의 경향을 알 수 있게 된다. 그러면 사전에 주의를 하거나 자기 점검을 할 수 있다.

어떤 일에서든 실수하기 쉬운 부분이나 문제 발생시 손해가 큰 부분에는 몇 점의 점검 체제를 두고 있다. 그럼에도 발생하는 실수는 시스템의 그물망을 빠져나가 버린 작은 실수나 부주의한 실수이다. 따라서 자기 점검을 통해 작은 실수를 예방하고 실수를 하지 않도록 각별히 주의하는 것이 큰 사고를 미연에 방지하는 길이다.

즉시 사과한다(변명은 소용없다).
"대단히 죄송합니다"

실수의 원인을 분석한다.
"왜 이와 같은 실수가 일어났지?"

어떻게 하면 가장 손실을 적게 할 수 있을까,
어떻게 이것을 보충할까.

두 번 다시 같은 실수를 반복하지 않는다.

POINT!

실수는 귀중한 자기 데이터.
두 번 다시 같은 실수를 반복하지 않도록 하자.

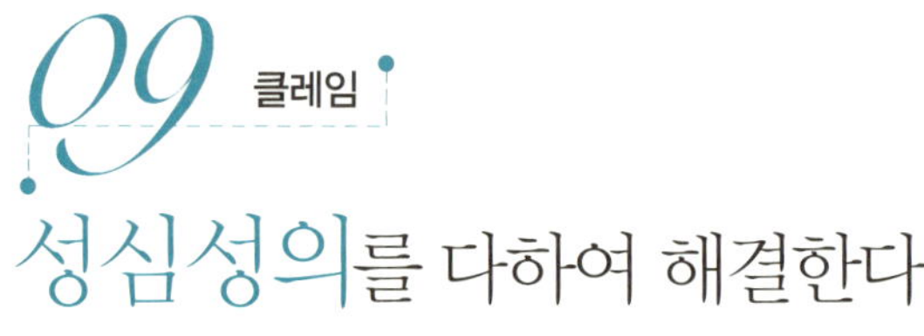

성심성의를 다하어 해결한다

먼저 사죄하고 상대의 주장을 듣는다

누구라도 불평을 듣는다든지 자신의 책임인지 아닌지 모르는 일로 머리를 숙여 사과를 하는 것이 유쾌하지 않을 것이다. 하지만 거래처 등으로부터 클레임이 들어왔을 때는 이유야 어떻든 "죄송합니다." 라고 사죄를 먼저 하고 상대의 주장을 끝까지 냉정하게 듣는 것이 중요하다. 이렇게 성의 있는 자세가 감정적으로 변한 상대의 화를 발산시켜 클레임을 해결하는 첫걸음이 된다.

클레임을 걸어온 상대는 우선 불만이나 분노를 표출하기 때문에 이쪽에서는 먼저 도대체 무엇이 어떻게 된 것인지, 클레임의 원인과 실태는 어떤지 등을 알 필요가 있다. 그 정보를 확인해야 구체적인 개선책이나 해결책을 마련할 수 있게 되는 것이다.

예를 들어, 대화 중에 상대의 잘못 등을 깨닫게 되어도 끼어들지 말고 변명이나 반론을 하면 안 된다. 그렇게 하게 되면 상대는 더욱더 감정적이 되어 화를 돋구는 결과만 초래할 뿐이기 때문이다. 그리고 감정이 감정을 불러 쌍방 모두 분쟁의 소용돌이 속으로 빠져 버리는 상황이 되기 때문에 문제가 더 커지게 된다. 클레임에는 변명이나 반론은 금물이라는 것을 가슴속에 새겨 두어야 한다.

내용을 파악했으면 곧바로 처리하거나 해결 조치를 취한다

클레임의 내용을 알았으면 될 수 있는 한 빨리 상대편을 방문하여 클레임 대상 상품 등을 확인한다. 단, 자신이 처리할 수 있는 내용이라고 판단하여 "변상하겠습니다," 등과 같이 안이하게 대답하면 안 된다. 될 수 있으면 여러 명의 사람이 응대하는 것이 좋다.

클레임을 해결하기 위해서는 우선 상담을 하고 지시를 받는다. 수리나 절차에 시간이 걸리는 경우, "성심성의껏 신속한 해결을 위해 전 사원이 노력하겠습니다." 라고 말하고 약속을 한다면 상대도 안심할 것이다.

실제로 이렇게 전력투구해서 문제를 해결하여 전보다 더 신뢰를 얻어 매출이 신장한 곳도 있다. 또한 클레임이 계기가 되어 상품 개선이 이루어지고 사내 시스템 개혁으로 이어졌다는 예도 있다. 성의 있는 태도로 신속하게 대응한다면 화(禍)가 복(福)이 되는 일도 있다는 얘기이다.

우선 사과한다. 변명이나 반론은 금물

책임을 미루거나 문제 해결을 나중으로 미루지 않는다.

여러 명(될 수 있으면 상사와)이 응대한다.

안이한 약속을 하지 않는다.

해결책이나 개선책을 제시한다.

애프터 서비스를 잊지 않는다.

POINT!

성의 있는 태도로 최선을 다해 신속해 대응한다.
경우에 따라서는 클레임이 기회가 되는 일도 있기 때문이다.

아이디어와 정보는
부지런히 메모해 둔다

도움이 되는 메모 작성법

거래처의 잡담 속에 생각하지도 못한 정보나 아이디어가 숨겨져 있기도 한다. 예를 들면 인사人事 정보, 사내 구성 변경 예정이나 업계 내 동향 정보 등 다양하다. 그 중에 '이것은 쓸모가 있다'고 생각되는 정보는 **반드시 메모해서 확실하게 자신의 데이터로 보관**하는 습관을 들여야 한다.

메모는 상대 얘기의 내용을 이해한 뒤에 그 포인트나 키워드, 숫자나 고유 명사를 적어 두는 것이 중요하다. 내용 이해도 뒤로 미루고 닥치는 대로 메모하는 사람을 자주 볼 수 있는데 그 메모는 나중에 다시 읽어봐도 중요한 것이 무엇인지 이해할 수 없는 경우가 많다. 그리고 우선 얘기를 나누고 있는 상대에게 실례이다. 메모는 적어도 이차적인 기억이라고 생각하길 바란다.

구체적인 메모 방법 포인트를 정리하면 다음과 같다.

❶ 내용을 이해한 뒤에 포인트나 키워드를 간략히 메모한다.

❷ 자기만의 암호나 도식圖式을 사용하여 빨리 적는다.

❸ 숫자나 고유 명사 등은 확인하면서 정확하게 적는다. 숫자 데이터의 출처도 되도록 메모해 둔다. 나중에 도움이 되는 경우가 많다.

❹ 그 날 중에 메모를 다시 읽어보고 보충과 수정을 하고 감상 등도 기입해 둔다.

❺ 메모를 한 일시, 장소, 상대 등의 표제를 붙여둔다.

나머지는 자신이 읽기 쉽고 사용하기 쉬운 형태의 메모를 연구하는 것이 좋다. ❺번 같은 표제가 있으면 한눈에 내용을 알 수 있기 때문에 정리하거나 활용하기가 쉽다.

메모카드를 활용하여 신속하고 편리하게 아이디어나 정보를 정리한다.

메모할 때 전용 카드를 준비해 두면 매우 편리하다. 그리고 정보별로 한 장의 카드를 사용하면 표제를 붙이기도 쉽고 나중에 관련 사항별로 묶어서 정리하고 싶을 때에도 간단하게 처리할 수 있다. 아이디어 메모의 경우도 마찬가지이므로 꼭 이용해 보기 바란다.

단, 회의나 강연같이 장시간 메모를 해야 할 필요가 있을 때는 카드가 아닌 노트나 노트 타입의 OA기기를 사용하는 편이 좋다. 특히 회의는 연속해서 열리는 경우가 많으므로 'A프로젝트 회의' 등과 같이 전용 노트를 만들어 두면 편리하고 전후 관련 사항이나 전체 흐름도 파악하기 쉽다.

메모는 카드 방식으로 하면 사용하기 편리하다

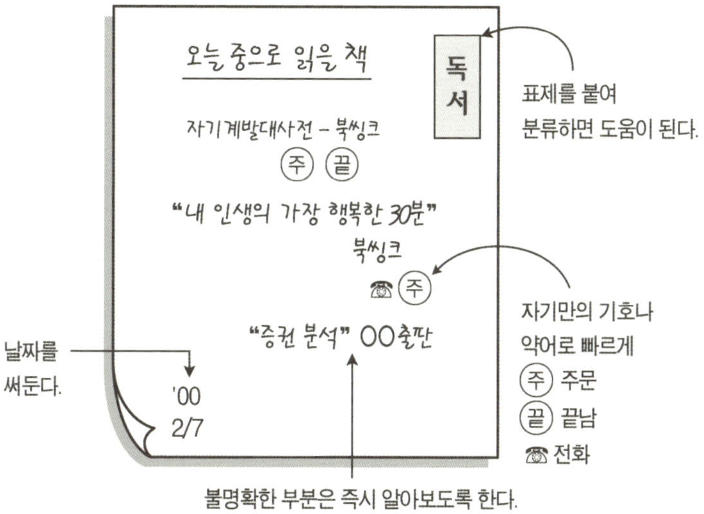

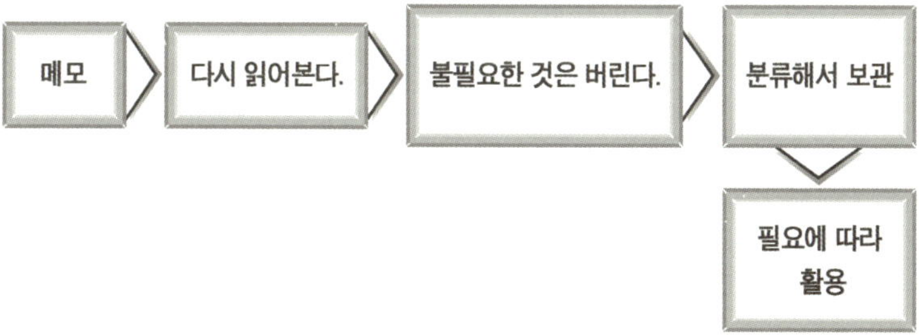

POINT!

메모를 잘 활용하면 더욱 폭넓고 다양하게 업무를 수행할 수 있다.
꼭 노하우를 확립하길 바란다.

효율적으로 정리하여 활용한다

명함을 최대한 활용하기 위해서는 먼저 데이터를 기입해라

비즈니스 사회에서 처음 사람을 만났을 때 가장 먼저 하는 것이 명함의 교환이다. 명함이란 그 사람의 이름, 직위, 주소, 전화번호나 팩스번호, 메일 주소 등이 기입되어 있는 중요한 개인 데이터이다. 경우에 따라서는 영업 항목이나 본사와 지사, 그룹 기업명까지 쓰여 있는 정보가 가득한 명함도 있다. 이것을 받아 두고 활용하지 않는 것은 보물을 썩히는 것과 마찬가지이다.

그럼 필요할 때 바로 꺼내 활용하기 위해서는 어떻게 하면 좋을까. 우선 **명함을 교환한 직후에 명함의 여백에 데이터를 기입해 둔다.** 예를 들어, ① 날짜 ② 장소나 회합·회의명 ③ 회의의 용건 ④ 상대의 특징 등(용모의 특징이나 취미·특기 등의 정보)…… 명함을 받은 장소에서 알게 된 데이터를 간략하게 기입해 둔다. 잘 모르는 한자나 담당 부서 등은 그 자리에서 물어 보도록 한다.

이런 기입을 해 둔 명함이 있으면 나중에 '아마, Y씨가 이 방면에 강했었지' 라든가 '이 사람은 무슨 용건으로 만났었지?' 등을 바로 확인해 볼 수 있고 용모도 떠올리기 쉬워진다. 한자 이름도 한글로

적어 두면 전화할 때 상대방의 이름을 잘못 말하는 실수를 방지할 수
있다.

명함은 교환하고 상대방의 이름을 확인한 후 가볍게 목례를 한 뒤
에 명함첩에 넣는 것이 기본이다. 명함에 메모를 하는 것은 상대방과
헤어진 뒤에 해야 한다. 자신의 명함에 뭔가를 쓰는 것을 싫어하는 사
람도 있기 때문이다.

명함 정리와 관리에는 명함철이나 컴퓨터를 이용한다

명함은 명함 박스에 넣어 정리하면 좋다. 회전식 롤덱스는 400～
600장의 명함을 폴더에 끼워서 수납하는 것으로 알파벳순으로 되어
있기 때문에 관리하기 쉽다. 이런 방법으로 정리하면 데이터를 기입
한 명함이 그대로 주소록이 된다.

또한 명함을 폴더에 끼우기 전에 데이터를 워드프로세서나 컴퓨터
에 입력해 두면 연하장 등과 같은 우편물을 보낼 때 주소를 인쇄해서
쓸 수 있고 정보 정리와 관리가 쉬워진다. 관련 업자별로 분류하는
등, 기기를 이용하여 정보를 최대한 활용하면 유용하다.

명함을 다룰 때 주의할 점

1. 명함을 준 사람의 눈앞에서 바로 메모를 하지 않는다.

2. 떨어뜨리거나 가지고 장난을 치지 않는다.

3. 책상 위에 놓고 그 위에 서류를 올려두지 않는다.

4. 자리에 두고 잊어버리지 않는다.

명함 정리철

POINT!

명함은 교환 직후에 명함 정리철에 정리해 둔다.
스마트폰이나 컴퓨터에 스캔하여 정리해 둔다.

성심껏 완벽하게 한다

능력보다는 마음의 준비에서 차이가 나는 업무일수록 긴장을 늦추지 말고 끝까지 완성한다

자료 정리나 복사 또는 아르바이트 직원에게 부탁할 만한 사소한 일 등, 회사에는 자잘한 업무가 많다. '왜 내가 이런 일을 해야 하지?', '어째서 이런 재미없는 일을 내가……' 라고 생각하게 될 것이다. 그러나 어떤 작은 일이라도 회사에서는 꼭 필요한 업무인 것이다.

'○○ 같은 건' 이라는 사고방식은 회사에서 절대로 해서는 안 된다. 그 업무에는 여러 가지 전개나 의미가 있다는 것을 우선 알아두길 바란다. 그런 '누구나 할 수 있는' 일을 '다른 누구보다도 확실하게 완수' 하는지 못하는지에 따라 업무에 대한 자세가 평가되고 신뢰나 기대를 받는 것에 '차이' 가 생기게 되는 것이다.

그렇기 때문에 어떤 일이나 지시에도 싫어하지 말고 어떻게 하면 지시를 내린 상사가 만족하고 납득해 줄 것인가를 생각하며 긴장을 늦추지 말아야 한다. 그리고 하나의 일이 끝나면 반드시 그것에서 배우는 것이 있기 때문에 그것을 놓치지 말고 몸에 익힐 수 있도록 한다.

예를 들어, 자료 정리를 하다 보면 도서관 서적의 배열 분류법을 마스터할 수도 있고 조수로 일하다가 영업적인 센스를 연마할 수 있을지도 모른다. 또는 지금까지는 몰랐던 사무의 기본을 배울 수 있을지도 모른다.

그것이 가능한지 아닌지는 결국 본인의 마음가짐에 달렸다. 능력보다도 마음의 각오에서 차이가 나는 잡무 같은 일도 긴장을 늦추지 말고 끝까지 해낸다면 다른 일들도 잘 해낼 수 있다.

업무는 신속하고 정확, 깔끔하게 한다

업무 지시를 받았을 때 모르는 부분이 있다면 즉시 물어 봐야 한다. '아마 이걸 거야', '이 정도면 될까?' 라고 추측하거나 적당히 이해하고 일을 시작하면 그 일은 실패한 것이라고 생각해도 된다. 판단이 망설여지는 부분이 생겼을 때도 마찬가지이다. 업무를 해 버리고 난 뒤에는 만회가 불가능하기 때문에 의문점이 있을 때는 즉시 지시자에게 물어 봐야 한다.

업무는 신속하고 정확, 깔끔하게 라는 것을 항상 염두에 두자. 하나의 일이 끝나면 반드시 재점검하는 습관을 들이는 것이 좋다. 예를 들어, 복사를 하는 것에도 페이지가 누락되었다거나 오염물이 묻지 않았는지 점검하자. 실수가 있다면 실행 방법 등을 반성하고 같은 실수를 반복하지 않도록 주의한다. 이런 노력을 하는 것이 아주 중요하다.

잡무를 하더라도 다른 사람과 다르게

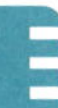

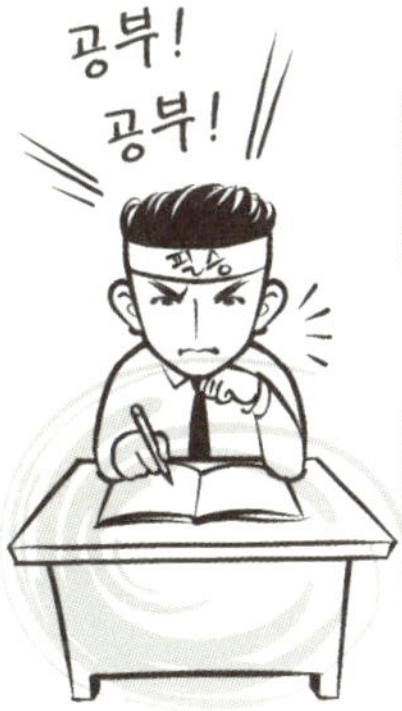

무엇이든 공부라는 자세

↓

지시자가 만족할 수 있도록 완성하자.

↓

업무는 신속, 정확, 깔끔하게를 원칙으로

↓

반드시 재점검하여 완벽하게

↓

평가 상승!

POINT!

누구나 할 수 있는 일일수록 다른 사람과 차이를 둘 수 있는 기회라 생각하고 긍정적으로 진행한다.

13 완전히 마스터해야 할 실무 지식

회사에서 사용하는 인감도장과 막도장의 차이를 알자

알다시피 한국은 도장을 중요시하는 사회이기 때문에 우체국이나 은행, 구청 등에 어떤 서류를 제출할 때는 서명과 도장이 필요하다. 또한 이름을 워드프로세서나 고무 도장으로 기입했을 때는 그 자리에 도장을 찍어야 하는 경우가 많다.

도장에는 인감도장과 막도장이 있다. 이 정도의 지식은 누구나 가지고 있을 것이다.

그러나 개인과 회사에 따라서 도장의 종류와 용도, 의미가 다르다. 그렇기 때문에 제대로 실무 지식을 마스터해 두어야 한다.

개인의 경우 인감도장은 시·구·동·읍·면·리에 인감 등록을 한 것, 회사의 경우에는 관할 등기소에 등록한 회사의 대표자 도장이 인감도장이 되고 나머지는 모두 막도장이 된다.

도장은 시판되는 것도 괜찮지만 인감도장은 부동산 등기나 계약 서류 등 중요한 서류에 찍는 일이 많기 때문에 다른 사람의 것과 구별하기 쉬운 것이 안전하다.

회사에서 사용하는 도장의 종류와 주요 용도

- **대표자 도장(둥근 도장)** – 'A주식회사 대표이사 인印', 'B주식회사 대표이사 홍길동 인印'이라고 새긴다. 직경 18밀리미터 전후의 동그란 모양이 많다. 회사의 인감도장으로서 계약을 할 때 찍는 가장 중요한 도장이다.

- **회사 도장(사각형 도장)** – 'A주식회사 대표이사 인印', 'B주식회사 광주지점의 인印' 등 한 변이 14밀리미터인 전후의 정방형이 많다. 회사의 막도장으로 회사 이름으로 하는 청구서, 영수증, 증명서, 보고서 등에 찍는다. 계약서에는 대표자 도장과 함께 회사 도장을 찍는 것이 보통이다.

- **은행 도장** – 대표자 도장이나 회사 도장의 문자 혹은 형태의 일부를 변형시킨 것을 많이 사용한다. 우체국이나 은행 등에 보내는 도장으로 통장의 입출금, 송금, 어음이나 수표의 발행 등에 사용한다.

그 밖의 도장은 다음과 같은 특수한 경우에 사용한다.

- **인감 도장** – 같은 문서를 두 통 이상 작성했을 때 서로 같다는 증거로 문서 전부에 걸쳐 찍을 때 사용한다. 어음이나 수표 등의 본체本體와 다음 장副本의 이음매에도 찍는다.

- **계약 도장** – 하나의 문서가 두 장 이상이 될 때 각각의 연속성을 나타내는 증거로 첫 장과 두 번째 장, 두 번째 장과 세 번째 장의 방식으로 겹쳐서 찍는다. 증서 등에 사용한다.

- **그 외** – 도장을 찍은 종이의 재사용을 방지하기 위한 소인消印, 틀린 것을 정정하는 정정인訂正印, 예비로 찍는 사인捨印, 문서 종료를 나타내는 지인止印 등이 있다. 사인捨印이나 지인止印은 찍지 않는 것이 안전하다.

구분	도장을 찍는 방법
인감 도장	(공란) 수표 / 인
계약 도장	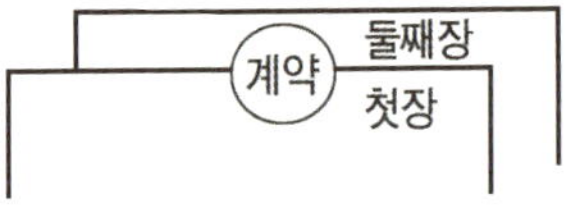 계약 / 둘째장 / 첫장
소인(消印: 인지의 재사용 방지 도장)	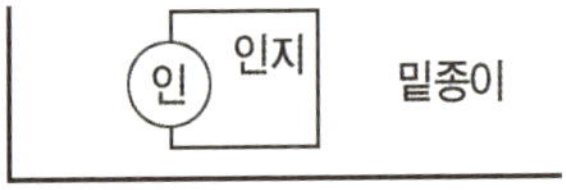 인 인지 / 밑종이
정정 도장	(계약서) / 두글자 삭제 한글자 첨가 인 인
사인(捨印: 예비로 찍는 도장)	인 / (계약서)
지인(止印: 문서의 끝을 나타내는 도장)	(계약서) 인

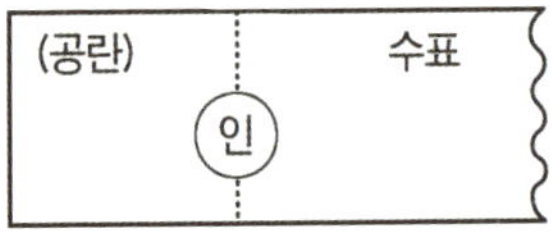

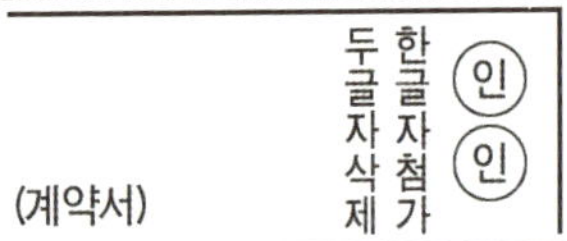

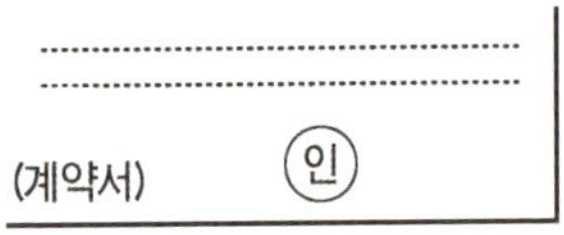

POINT!

의미와 용도가 아주 다양한 도장, 밖에서 창피를 당하지 않도록
확실하게 실무 지식을 마스터한다.

기초 지식을 파악한다

구두 약속을 확실한 계약으로 만든다

계약이란 두 명 이상의 사람이 합의한 약속을 말한다. 다시 말해서 A가 가지고 있는 컴퓨터를 팔고자 "이 컴퓨터를 사주지 않겠습니까?" 라고 B에게 말하자 B가 "사겠습니다." 라고 대답을 했다면 이것으로 판매 계약이 성립된 것이다. 비즈니스에서는 전화나 말에 의한 구두 약속으로 계약하는 일이 아주 많다. 그러나 이것만으로는 아무 증거가 남지 않기 때문에 한쪽이 "그런 약속을 한 기억이 없다." 라고 하면 그걸로 끝이다. 그러면 약속의 존재를 증명하기 위해서 다음과 같은 확실한 방법을 사용한다.

❶ 계약자 당사자 이외의 관계자를 몇 명 동석시켜 입회한다.

❷ 계약 내용을 구체적으로 메모해 두고 문서로 정리해서 상대편에게 보내어 확인을 받아 둔다.

❸ 최종적으로는 계약서를 작성하여 서명과 인감 날인을 하여 쌍방이 보관한다.

이와 같이 해 두면 일단 문제는 일어나지 않는다. 또한 평상시에 거래를 빈번하게 하고 있는 거래 회사라면 전화나 팩스 등으로 업무를 발주하는 일도 많을 것이다. 그럴 경우 앞에서 나열한 절차는 필요 없지만 그때마다 업무의 내용과 기한, 수량 등을 확인하는 것이 중요하다.

계약을 취소하고 싶거나 계약불이행을 당했을 때의 대응책

일반적으로는 통신이나 방문 판매의 크린 오프 제도(계약의 취소나 환불 등에 대한 제도)가 잘 알려져 있는데 회사의 계약 취소 등은 다르기 때문에 다시 한 번 기억해 두자.

계약을 취소할 수 있는 경우는 계약 상대가 무능력자(금치산자禁治産者)일 때와 사기나 협박에 의해 강제로 계약을 했을 때 계약을 취소할 수 있다. 방법은 배달 증명이 있는 내용 증명 우편으로 취소의 뜻을 통보하면 된다. 반대로 상대가 계약을 이행하지 않을 때는 계약 해제나 손해 배상 청구 등의 조치를 취해야 한다. 단, 계약 불이행이 불가항력에 의한 경우일 때는 법적 책임을 추궁할 수 없기 때문에 주의해야 한다.

계약 불이행에는 '정해진 기일까지 계약을 실행하지 않는다', '불완전 이행…… 계약 내용의 실행이 불완전', '이행 불능…… 계약 목적물의 멸실滅失 등으로 계약을 실행할 수 없다' 등의 케이스가 있다. 불가항력(천재지변)에 의한 것 이외의 경우에는 그 취지를 나타내고 계약을 해지하거나 손실이 발생했을 때는 손실 배상을 청구한다. 또는 완전한 목적물의 인도引導를 청구하게 된다.

계약의 포인트는

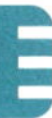

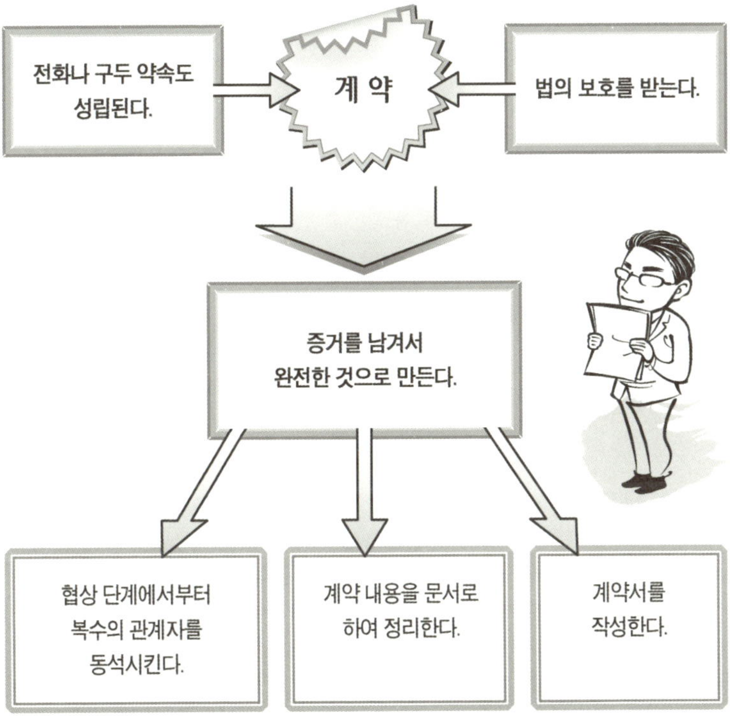
전화나 구두 약속도 성립된다.
계 약
법의 보호를 받는다.
증거를 남겨서 완전한 것으로 만든다.
협상 단계에서부터 복수의 관계자를 동석시킨다.
계약 내용을 문서로 하여 정리한다.
계약서를 작성한다.

POINT!

협상과 계약은 비즈니스의 기본이다.
문제가 발생해도 대응할 수 있는 지식을 익혀두자.

비즈니스맨들은 젊으면 젊을수록 외근이나 외출의 기회가 많다. 그만큼 가방 안에서 필요한 것을 언제든지 즉시 꺼낼 수 있도록 해 두지 않으면 안 된다. 그러기 위해서는 다음과 같은 주의와 노력이 필요하다.

● A4 서류가 들어가는 가방이 좋다.

A4 서류가 들어가는 크기가 가장 적당하다. 너무 큰 것을 들면 어깨나 허리에 무리를 주게 된다.

● 자질구레한 것들을 넣을 수 있는 소형 가방을 활용하자.

필기도구나 클립, 도장 등 작은 것들은 작은 가방 또는 봉투를 활용해서 가방 안을 분류해 두면 좋다.

● 메모지, 휴대폰은 금세 꺼내지 못하면 의미가 없다.

이런 것들을 반드시 바깥 포켓에 넣어 둘 필요는 없다. 예를 들어, 가방 밑바닥에 있어도 상관없다. 항상 있는 곳에 정확하게 들어 있는 것이 중요하다. 한 번에 꺼낼 수 있도록 해 두자.

인맥 만들기

사내의 원만한 인간관계는 일을 성공시키는 열쇠다

인간관계의 좋고 나쁨이 업무의 효율을 높인다

적어도 하루의 3분의 1은 회사에서 일을 하면서 지낸다. 따라서 보다 쾌적한 시공간(視空間)이길 바랄 것이다. 그러기 위해서는 무엇보다도 인간관계의 좋고 나쁨이 기본이 된다. 가정에서는 다소 억지가 허용되어도 직장에서는 그렇지가 않다. 사회인이 가져야 하는 상식에 입각해서 자연스러운 배려로 다른 사람과의 마찰을 줄이고 활동하기 편한 환경을 만들어야 한다.

입사한 직후에는 이름과 부서를 파악하는 일이 급선무이기 때문에 동료나 선배의 성격 같은 세세한 일까지는 생각이 미치지 못하는 것이 보통이다. 그러나 익숙해지면 마음이 맞는 사람과 불편한 사람으로 나뉜다. 물론 인간이기 때문에 어쩔 수 없다라고 생각해 버리면 그만이다.

그러나 불편하다, 이유 없이 싫다 등과 같은 이유로 마음에 드는 사람들하고만 어울려서는 안 된다. 마음이 편한 직장을 만들기 위해서는 노력이 필요하다는 것을 잊어서는 안 된다. 내 쪽에서 싫다고 생각하면 상대방도 이유야 어쨌든 나를 싫어하게 되는 경우가 많다.

말하지 않아도 알게 모르게 태도에서 드러나기 때문이다.

인간관계가 원인이 되어 결국엔 퇴직했다는 사례는 결코 적지 않다. 물론 이성 문제, 상하 관계 등을 포함한 얘기이다. 마음이 편한 직장을 만들기 위해서는 인간관계에 대한 노력이 필요하다는 것을 절대로 잊어서는 안 된다.

말이 넘쳐서 치명상이 되는 경우가 많다

직장에 익숙해지면 마음이 맞는 동료들이 생기면서 대화에 활기를 띠는 일도 잦아진다. 우스갯소리나 농담은 인간관계를 원만하게 해 주는 즐거운 것이다. 그러나 때로는 말실수를 하거나 필요 이상의 것을 말해 버리게 되는 경우가 의외로 많다.

직장뿐만 아니라 어디서든 사람과 사람의 관계에서 소문이나 험담은 삼가해야 한다. 만약 그 장소에 없는 사람이 화젯거리가 됐을 때는 주의해야 한다. 그럴 때는 될 수 있는 한 그 사람의 좋은 점을 떠올려 애기를 하는 것이 하나의 방법이다. 분위기에 휩쓸려 지나친 농담이나 험담을 하게 되면 나중에 꼭 후회하게 된다.

소문이란 백해무익百害無益한 것이다. 무엇보다도 남의 소문을 이야기하는 사람은 자신의 품위를 떨어뜨린다. 상사도 배려 없이 남의 애기를 하는 사람을 신뢰할 리가 없다. 자신의 말에는 책임을 져야 한다는 것이다. 평소에 자신은 말이 넘친다고 생각하는 사람은 특히 주의해야 한다.

사내
교류의
3원칙

욕, 험담을 하지 않는다.

선배, 동료의 이름과 성격을 빨리 파악한다.

좋고 싫음으로 태도를 바꾸지 않는다.

동기 모임

점심 시간을 통한
커뮤니케이션

퇴근 후의 교류

사내 스터디 모임

사내 이벤트

POINT!

적극적인 교류가 가장 좋지만 무리할 필요는 없다.

폭넓은 인맥은
업무 향상의 지름길이다

평상시에 의식적으로 인맥을 넓힌다

비즈니스맨이 된 이상 학창 시절부터 사귀어 온 친구를 기반으로 다양한 분야의 세대를 초월한 교우 관계를 가져야 한다. 업무를 진행할 때 폭넓은 인맥을 형성하고 있으면 만일의 경우에 큰 도움을 받을 수 있다. 언젠가 큰 업무를 달성하고자 할 때 인맥이 큰 위력을 발휘할 것이다.

그러기 위해서는 아무 생각 없이 사람과 교류를 해서는 안 된다. 평상시에 적극적으로 교류의 폭을 넓히는 노력을 해야 한다. **동창회, 학창 시절에 가입했던 서클, 사내·외의 스터디 모임 등에는 자진해서 참가하자.** 다른 사람의 애기를 주의 깊게 듣고 대화를 도모하는 자세를 가지고 있으면 아주 많은 것을 얻을 수 있을 것이다. 퇴근 시간 이후의 술자리라도 괜찮다. 정보 교환으로 시작한 관계라도 두터운 신뢰 관계로 키울 수 있다.

폭넓은 인맥도 깊은 신뢰 관계도 하루아침에 이루어지는 것이 아니다. 기회를 만들어서 전화로라도 안부를 묻는다거나 모이거나 하여 꾸준히 연락을 해야 한다.

때로는 "그 한마디가 내 인생을 바꿨다."라든가 "그때 당신을 만나지 못했더라면 지금의 난 있을 수 없다." 같은 말을 들을 때가 있다. 실제로 이런 경험을 가진 사람도 적지 않을 것이다. 사람이란 그만큼 다른 사람에게 영향을 받기 쉽기 때문에 만남이라는 것은 그만큼 중요한 것이다. 다른 사람과의 인연을 소중히 해야 한다.

50원 사원을 많이 가진 A씨

M물산의 인사 부장을 하고 있는 A씨는 상당히 박식해서 그에게 물으면 어떤 것이든 알 수 있기 때문에 인망이 두텁다. 사실 이렇게 된 데에는 이유가 있다. 그에게는 몇십 명이라는 50원 사원이 있기 때문이다.

50원 사원…… 즉, 전화 한 통으로 무엇이든 알아낼 수 있는 친구를 말한다.

"올해의 유행어 대상은 누구였지?" 라는 질문을 받으면 즉시 광고 대리점에 근무하는 친구에게 전화로 묻는다. 서점에서 '어느 잡지에 실려 있을까?' 라며 어슬렁어슬렁 책을 찾는 시간은 낭비다. 인터넷으로 어물어물 검색을 하는 것보다 훨씬 빠르다.

마찬가지로 "지금 가장 인기 있는 해상 스포츠는 뭐지?" 라는 질문을 받으면 스쿠버 다이빙을 취미로 하고 있는 친구에게 전화로 묻는다. 전화 한 통, 50원으로 겨우 몇 분도 지나지 않아 원하는 정보를 얻을 수 있다. 이처럼 취미든 전문이든 상관없다. 특정 분야에 해박한 친구를 많이 가져라. 사람이야말로 중요한 정보원이다.

- 동창회, 반창회는 찬스!

- 사외 스터디 모임에 참가 또는 주관한다.

- 업계 관련 모임에 참가한다.

- 인터넷으로 다른 업종과의 교류를 도모한다.

- 취미 서클에 참가한다.

적극적으로 해야 하지만 본업을 게을리 해서는 아무 의미도 없다.

POINT!

적극적인 교류가 가장 좋지만 무리할 필요는 없다.

상사에게는 배울 점이 매우 많다

상사에게는 언제나 경의를 표하고 솔직한 자세로 대한다

새삼스럽게 말할 것도 없이 상사는 회사의 선배이며 부서의 리더이다. 그 부서의 업무에 관한 책임을 맡고 업무를 수행하기 위해 지시를 내린다. 부하가 확실하게 업무의 성과를 올리는 것으로 부서의 목표를 달성한다. 반대로 부하가 실패를 하거나 문제를 일으키면 그 상사가 책임을 지게 된다. 상사와 부하의 관계는 어디까지나 착실하게 업무를 완수하는 것이 기본이 된다. 해를 거듭하면서 형성되는 상사의 업무 능력이나 인간성에서 배울 점이 매우 많다. 더욱이 즐겁게 업무를 하기 위해서는 최소한의 예의가 필요하다.

우선 **상사에게 부름을 받으면 "네" 라고 즉시 대답하자.** 바쁘게 자신의 일에 열중하고 있을 때도 무시하거나 귀찮은 듯이 대답을 하는 것은 거론할 필요도 없다. 즉시 자리에서 일어나서 상사의 자리로 다가가 지시를 받아야 한다. 만약 도저히 손을 놓을 수 없는 작업을 하고 있다면 "죄송하지만 조금만 기다려 주시겠습니까?" 라고 말하면 된다. 어느 정도 단락을 지은 뒤에 상사의 자리로 가서 "네, 무슨 일이시죠?" 라고 물으면 된다. 간단한 것 같지만 의외로 소홀히 하는 경우가 많다. 이런 고분고분하고 솔직한 대답이 상사와 부하의 관계를 원만하게 하고 상사도 기분 좋게 업무를 추진할 수 있게 한다.

그와 마찬가지로 지시를 받는 태도, 말씨에도 공손한 예의를 갖추어야 한다. 어떤 것이든 상사에게 존경의 마음을 가지고 대한다면 저절로 자연스럽게 되는 일이다.

눈치가 빠른 녀석이다 라는 평가를 받자

아첨을 한다거나 겉치레로 말하거나 뻔히 들여다보이는 비위를 맞추는 것과 눈치가 빠르다는 것은 다르다.

예를 들어, 상사가 통화 중에 필요한 서류가 있다면 신속하게 펼쳐 준다거나 메모가 필요하면 필기도구와 메모지를 내미는 등 상사는 이런 배려를 원한다. 컴퓨터에 강하다면 솔선해서 도와 드린다. 그럴 때는 몇 번이든 끈기 있고 즐겁게 가르쳐 드리겠다는 생각으로 상사를 대해야 한다. 점심시간에 외출할 때도 자신의 도시락만을 사러 가는 것이 아니라 상사의 도시락이나 담배가 필요한지 잠깐 여쭤 본다. 그런 약간의 배려는 누가 받아도 기분 좋을 수밖에 없다.

눈치가 빠르다는 것은 자기 자신의 평가를 높이는 일이다. 머지않아 그 직장에서 반드시 필요한 존재가 되는 것을 목표로 노력하자.

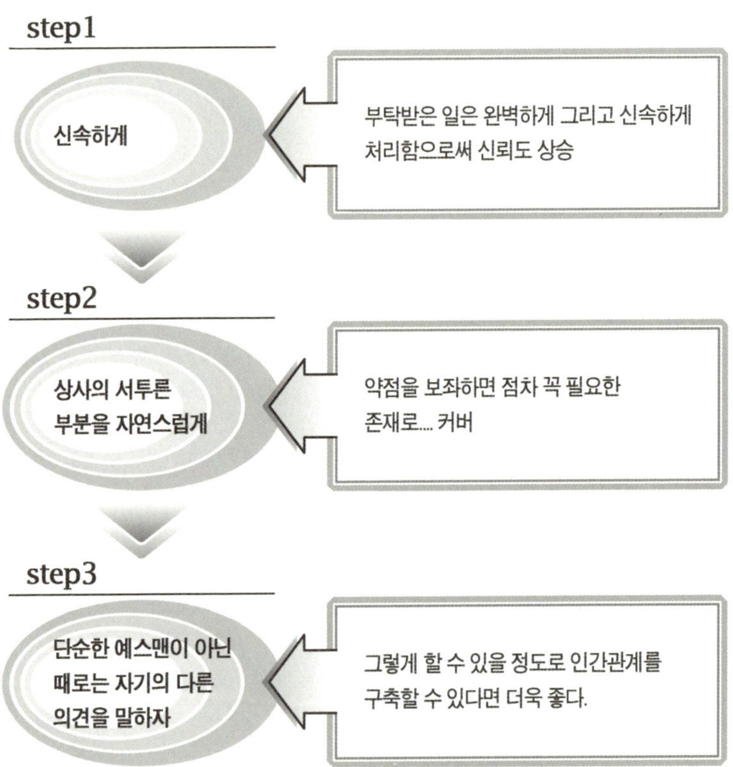
step1
신속하게
부탁받은 일은 완벽하게 그리고 신속하게
처리함으로써 신뢰도 상승

step2
상사의 서투른
부분을 자연스럽게
약점을 보좌하면 점차 꼭 필요한
존재로.... 커버

step3
단순한 예스맨이 아닌
때로는 자기의 다른
의견을 말하자
그렇게 할 수 있을 정도로 인간관계를
구축할 수 있다면 더욱 좋다.

POINT!
눈치가 빠르다는 것은 아첨과는 다른 것이다.
장래를 위해서 자신의 능력을 발휘하길 바란다.

대하기 불편한 상사도
여러 가지 방법으로 극복한다

의견이 맞지 않을 때는 자제와 명쾌한 결론이 필요하다

비즈니스맨이 좋은 업무 환경을 만들어 가기 위해서는 상사나 부하와 좋은 관계를 유지해야 한다. 스트레스가 쌓이는 마찰은 가능한 피해야 한다. 그러나 부하를 선택하는 것은 어느 정도 가능하지만 상사를 고를 수는 없다는 것이 현실이다. 때로는 도저히 의견이 맞지 않는 경우도 생긴다.

그럼 어떻게 해야 할까? 회사가 수직 사회인 이상 상사에게 맞추는 수밖에 없다. 큰 회사일 경우에는 잠깐 동안 참고 견디면 인사 이동에 의해 구원을 받을 수도 있다.

그러나 지점도 부서의 숫자도 한정된 규모인 곳은 그것도 힘들다. 상사가 마음에 들지 않는다고 해서 그때마다 사표를 낸다면 어디를 가도 마찬가지일 것이다. 자기 스스로 어떻게든 해결 방법을 찾지 않으면 안 된다.

그럴 때 발상의 전환을 시도하는 것이 중요하다. 좋아하는 타입의 상사나 동료를 만나는 것은 쉬운 일이 아니다. 그것을 인식하고 헤쳐

나가야 한다. 자기와 맞지 않는 타입의 상사와도 맞춰 가면서 때로는 의견도 제시하며 업무를 완수한다면 새로운 자신감이 생길 것이다.

사물에는 반드시 이면성二面性이 있다. 단점도 관점을 바꿔서 보면 장점이 된다. 가능한 한 장점으로 눈을 돌리고 단점에는 눈을 감는 자세도 중요하다.

항상 예스맨으로 있을 필요는 없다

상사도 사람이기 때문에 완벽하지는 않다. 때로는 실수도 하고 본의 아니게 오해를 사는 경우도 있다. 그럴 때는 분명하게 얘기하는 용기도 필요하다. 언제 어디서든 예스맨으로 있는 것은 주관이 없는 태도다.

확실하게 상사의 실수나 오해라고 판단되었을 때는 과감하게 부딪치자. 분별이 있는 상사라면 반드시 오해를 풀 것이다. 그럴 때는 상사의 체면이 상하지 않도록 말씨나 태도에 신경을 쓰는 것을 잊으면 안 된다.

"제 착각일지도 모르지만……"

"너무 바빠서서 무리도 아닌 일입니다만……" 과 같이 상대를 배려하면서 문제를 제기하는 것이 포인트다.

 이것이 포인트

★ 복사를 부탁받았을 때

매수를 확인하고 표지나 클립이 필요하다면 끼워서 전하고
필요한 부서까지 전해준다.

★ 상사의 출장으로
항공권이나 기차표 예매를 부탁받았을 때

시간표, 환승 안내를 신속하게 알아보고 프린트하여 전한다.
금연석인지 흡연석인지 판단하여 예약한다.

★ 상사의 개인적인 전화를 받았을 때

다른 사원이 알지 못하도록 메모로 전하거나 작은 목소리로 알려드린다.

★ 컴퓨터 사용에 대한 질문을 받았을 때

몇 번이라도 친절하고 정중하게 가르쳐 드린다. 절대로 "이런 것도 모르십니까?"
불손한 말과 언동은 하지 않는다.

POINT!

상사에게도 때로는 용기를 가지고 대하자.

친구이자 최대의 라이벌이다

정보 교환이 가장 쉬운 상대가 동료이다

같은 동기로 입사한 동료에게는 남다른 친근감이 있게 마련이다. 부서나 근무지가 달라도 정보 교환을 하기 가장 쉽고 여차할 때는 도움을 주는 존재이다. 따라서 횡橫적인 관계는 소중히 해야 한다. 동기 모임이 있다면 반드시 참석해야 한다.

인맥이라는 것은 영양을 계속 공급해 주지 않으면 중간에 끊어지고 만다. 어울리는 시간이 많으면 많을수록 그 사람과의 인간적인 거리는 가까워진다. 가까워지면 아군이 되어 준다. 평소에도 정보 교환을 하고 업무도 협력해 나가는 것이 좋다. 동료의 업무가 늦어지거나 문제가 발생했을 때는 자진해서 도움을 주자. 반대로 다른 사람에게 도움을 부탁할 수 있을 때는 주저 말고 부탁하자. 상황에 따라서 각각의 상사에게도 미리 양해를 구해 두는 것이 좋다.

그러나 기본적으로는 상대방 업무의 영역을 침범하지 않는 것이 원칙이다. 서로간의 책무를 확실하게 끝내 좋은 결과가 나온다면 그것은 다음 프로젝트를 만드는 기회가 되기도 한다. 잊지 말아야 할 것은 일 처리를 할 때는 학창 시절에 친구들끼리 어울려서 일하는 것처럼 가벼운 마음으로 해서는 안 된다는 것이다. 일은 어디까지나 일이므로 사적인 것과의 경계를 확실히 해 두어야 한다.

동료라도 나이는 제각각이므로 호칭에 주의한다

동기로 입사했다고 하더라도 재수를 한 사람이 있는가 하면 고등학교를 졸업하고 바로 입사한 사람도 있다. 개중에는 졸업 전에 입사한 사람도 있을 것이다. 모두 나이가 달라도 동기이다. 입장은 대등하다고 생각해도 좋다. 단, **연상에게는 그에 따른 말투를 써야 한다.**

비즈니스맨에게 선배나 후배는 나이가 아닌 입사 연도로 결정된다. 연하라고 해서 이름을 함부로 부르거나 하는 것은 예의가 아니다. 여사원도 마찬가지이다. '미스김'이라고 부르는 것을 자주 들을 수 있는데 다른 부서나 사외(社外)의 사람이 그 장소에서 듣는다면 결코 좋은 인상을 받지 못할 것이다.

동료는 남녀구별 없이 '씨'를 붙여서 부르는 것이 예의이다. 선배일 경우에는 '선배님'을 붙이도록 한다. 당연한 얘기지만 학력보다도 입사일이 더 우선시 된다.

호칭 하나에도 위치 관계를 나타내고 있다. 그렇기 때문에 가볍게 생각해서는 안 되는 것이다.

① 직위가 있는 사람 – ○○ 부장님, ○○ 과장님

직위란 그 자체가 경칭(敬稱)이 되기 때문에 강나루 부장님, 김환석 부장님
이라고 부른다.

② 동료 – ○○ 씨
③ 연하의 선배 – ○○ 씨
④ 부하 – ○○ 씨

회사에서 '씨'를 붙일 수 있는 것은 자기보다 지위가 낮은 사람에게만 붙인다.

POINT!

아무리 자유스런 분위기의 사무실이라도
친구끼리 쓰는 말투로 이름을 부르는 것은 절대 금물이다!

06 부하를 내편으로 만드는 법

부하란 신뢰를 했을 때야말로 도움이 되어 준다

바로 얼마 전에 입사를 한 것 같은데 어느 샌가 다른 사람에게 지시를 내리는 입장이 되었다. 직위야 어쨌든 파견 사원이나 파트 타이머, 아르바이트를 채용해서 업무를 해 나가야 하는 경우도 많다.

누구나 자신이 부탁한 일은 신속하게 기꺼이 해주길 바란다. 그러기 위해서는 평상시 부하와의 관계가 중요하다.

우선 부하를 신뢰하고 일을 맡긴다는 자세가 기본이다. 본래 상사는 부하가 귀여운 법이다. 상사가 자신을 신뢰하고 기대를 하고 있다는 것을 안다면 부하는 그것에 부응해서 일을 한다. '저런 상사를 위해서는 일하기 싫어' 라는 생각을 심어 주게 되면 그걸로 끝이다.

1부터 10까지 세세하게 지시하지 않으면 마음이 놓이지 않는 사람도 있고 그러는 편이 빠르고 좋은 결과를 낳을 수 있을지도 모른다. 그러나 될 수 있으면 지시는 최소한으로 하고 나머지는 자유롭게 일하게 두는 것이 좋다. 부하가 일하는 방식에 신경이 쓰이는 곳이 있어도 때로는 못 본체 하는 관용이 중요하다. 부하를 훌륭하게 키우는 것도 중요한 업무 중 하나이다.

업무가 끝나면 큰 것은 큰 대로 작은 것은 작은 대로 칭찬을 한다. 업무가 순조롭게 진행되는 것은 당연하다 라고 방치하면 안 된다. 한 마디의 칭찬으로 자신감을 얻은 부하는 다음 업무에 대한 의욕도 커질 것이다.

상담은 충분히 들어준다

부하가 질문을 하거나 상담을 요청해 오면 어쨌든 열심히 들어줘야 한다. 업무를 잠깐 놓더라도 진지하게 대해 주는 자세는 부하의 신뢰감을 더욱 깊게 해준다. 틀림없이 업무에도 좋은 결과를 가져올 것이다.

부하의 의견도 마찬가지로 처음부터 부정하지 말고 충분히 들은 뒤에 힌트나 대안을 주자. 결점을 지적하는 것만으로는 의욕을 상실시킬 뿐이다.

더불어 부하를 소중히 한다는 것은 그에 상응하는 배려를 한다는 것이다. 개인적인 일을 부탁한다거나 업무 이외의 일에서 여러 가지 간섭을 하는 것은 좋지 않다. 점심 시간이나 퇴근 시간까지 간섭을 하는 것은 너무 지나친 것이다.

또한 부하들은 야근에 대한 불만이 많다. 상사가 업무를 계속하고 있는 한 부하는 귀가하고 싶어도 갈 수가 없다. 업무의 진행 상황에 따라 어쩔 수 없이 야근을 해야 하는 경우도 있겠지만 **솔선해서 상사가 먼저 업무의 단락을 지어 귀가하는 것이 좋다.**

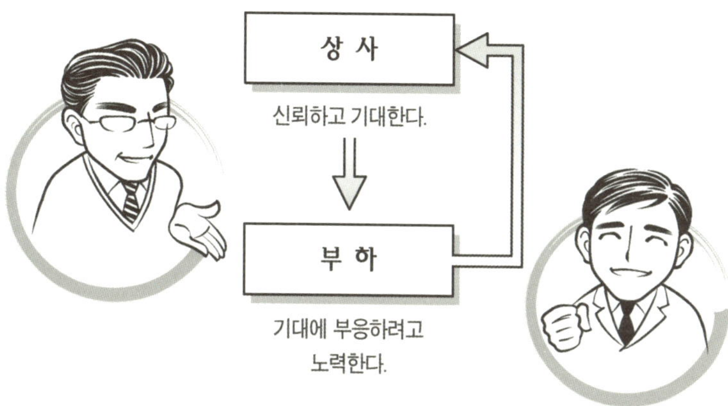

○ 적절한 목표를 준다.
○ 부하는 칭찬으로 키운다.
○ 결점은 지적하는 것으로 끝내지 말고 개선책을 내준다.

× 부하를 믿지 못하고 자잘한 것까지 지시를 해야만 안심이 된다.
× 꾸짖기만 하면 의욕을 잃게 된다.

POINT!

부하를 키우기 위해서는 우선 신뢰를 해야 한다.

다른 부서,
다른 업종의 사람은 정보의 창고,
적극적인 교류를 꾀한다

미지未知의 것을 만나는 것은 자신의 서랍의 수를 늘리는 것이다

원래부터 알고 있던 사람과 친하게 지내는 것도 중요하지만 언제나 똑같은 패턴이어서는 진보가 없다. **인맥을 넓히기 위해서는 더욱 더 모르는 사람과 만날 것.** 새로운 만남은 크든 작든 그 나름대로의 장점이 있다.

다른 부서나 다른 업종 사람과의 교류는 의미 있는 일이다. 다른 부서의 업무는 어떤 내용이며 자신의 일과는 어떤 관계가 있을까? 회사 내에서는 어떤 위치에 있을까? 서로간에 협력할 수 있는 일은 어떤 것이 있을까? 자신의 일은 지금 어떤 상황이며 어떤 점이 힘든가, 어떤 과제가 있는지 등을 얘기해 두면 좋다.

평소부터 대화를 통해 서로를 이해하고 있으면 급할 때 신속하게 도움을 요청할 수 있다. 다른 부서에는 그 부서만의 독특한 지혜와 경험이 있기 때문에 도움이 될 것이다. 완전히 다른 관점의 의견을 나누거나 정보 교환을 할 수 있다는 것은 아주 감사한 일이다.

도움을 요청할 때는 시간을 가늠하여 어떤 순서로 누구에게 요청하면 좋을지를 파악하는 것이 포인트다. 바쁜 시기는 절대 피한다.

사외社外의 사람도 마찬가지이다. 적극적으로 사귀어 두자. 일반 회사에서는 사외社外의 사람과 일을 함께 해 나가는 일이 많다. 사외에 인맥이 있으면 업계의 동향이나 정보를 빠르게 입수할 수 있어서 훨씬 일을 하기 수월해질 것이다.

인맥 지도를 만들어 보자

인맥을 보다 깊게 활용하기 위해서는 인맥 지도를 만들어 보는 것을 권한다. 자신을 중심으로 메모해 보면 평소에 몰랐던 것이 보여 의외로 좋은 정리가 된다. 어떤 분야에 친구가 많은 지 적은 지, 일목요연一目瞭然해진다. 애써 노력하여 넓힌 인맥은 정리하여 활용하자.

업종별로 정리하거나 자신의 관련 분야별로 분류하는 등 몇 개의 패턴을 만들어 보면 좋다. 이렇게 해 두면 자신에게 도움이 필요할 때 누구에게 부탁하면 좋을지, 협상을 하기 위해서는 누구를 가장 먼저 선택하면 좋을지 등을 즉시 알 수 있다.

직접적인 친분이 없더라도 눈이 가는 인물의 정보(관계성)가 있다면 함께 메모해 두자. 나중에 도움이 될 것이다.

자신을 중심으로 한 인맥 지도를 만들어 보자

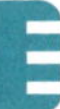

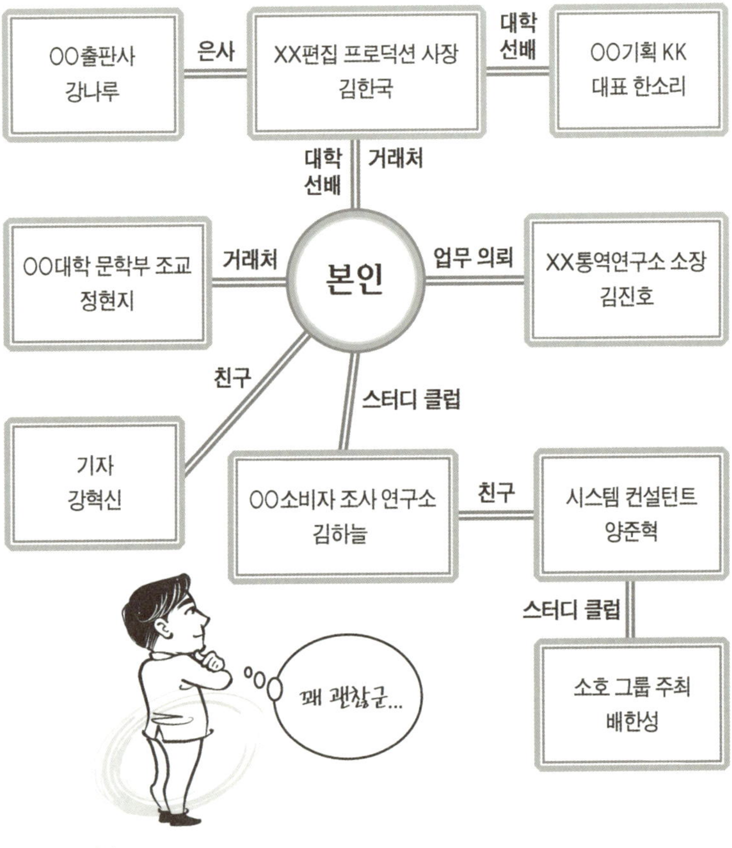

POINT!

인맥은 급할 때 활용할 수 있도록 평소에 친분을 쌓아두자.

스터디, 친목 모임 등으로
네트워크를 넓힌다

목표 의식을 가지고 참가한다

빠르게 인맥을 넓히기 위해서는 주위의 스터디, 친목 모임에 참가한다. 신경을 써서 주위를 둘러보면 초·중·고 대학의 동창회, 취미 모임, 회사 관계의 파티, 동기 모임, 고향 모임, 더 나아가서는 인터넷을 통한 모임 등 사람이 모이는 곳은 얼마든지 있기 마련이다. 시간과 회비가 허용하는 한 적극적으로 참가해 보기 바란다.

더불어 호기심을 가지고 사물이나 사람을 대한다면 얻을 수 있는 것이 많다. 다른 업종의 교류회나 스터디 모임에서는 평소 자신의 전문 영역에서는 만날 수 없는 사람들과 만나서 귀중한 얘기를 들을 수 있는 것이 매력이다. 단, 참가하는 것에 의의가 있다 라는 것만으로 끝내서는 안 된다. 수동적인 자세로는 시간도 회비도 낭비다. 반드시 뭔가 목적을 가지고 참가한다는 것이 중요하다. 타성에 젖어 계속 참가하는 것도 의미가 없다. 또한 지위나 신분에 필요 이상으로 얽매이는 것도 보기에 좋지 않다.

첫 대면의 상대에게 자기 소개부터 시작하여 적극적으로 대화를 나누는 것은 좋은 경험이 될 것이다. 처음엔 기가 죽더라도 모임을 거듭 할수록 익숙해질 것이다. 만약 소개자가 있다면 함께 참가하여 동반하도록 한다. 그렇게 하면 보다 자연스럽게 인맥을 넓힐 수 있을 것이다.

스스로가 모임과 네트워크의 주최자가 되자

자신이 주관하여 스터디나 친목 모임을 여는 것은 즐겁고 의미 있는 일이다. 스스로가 흥미와 의욕을 가지고 하는 것이기 때문에 문자 그대로 공부가 된다. **정보는 발신자 쪽으로 모인다.** 내 쪽에서 연락을 하지 않아도 참가 희망자 쪽에서 다양한 정보를 가지고 와 주는 것은 즐거운 일이다.

처음에는 소수로 시작한 모임도 매력 있는 모임이 되면 10명, 20명으로 자연히 늘어날 것이다. 그것은 자신의 힘이 되어 줄 것이다. 어떤 운영을 해 나가는지, 회원에 대한 대응은 어떻게 해야 하는지, 시행착오를 겪으며 유지해 나가야 한다.

만약 스터디 모임이 너무 버겁다고 생각된다면 취미 모임처럼 가벼운 모임부터 시작해도 좋다. 직위나 상하 관계가 없는 모임이라면 모임도 부담 없이 열 수 있을 것이다.

① 뭔가를 얻을 생각으로 참가하자.

② 정기적으로 반드시 참가하자.

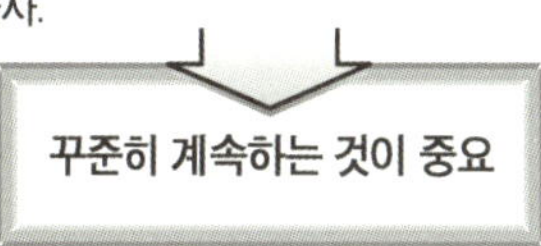

③ 지위나 신분에 얽매이지 않는다.

④ 노골적으로 실리만을 추구하지 않는다.

★ 네트워크를 주최하는 경우

취미 서클
(골프, 영어 회화,
노래 등)

자격증 취득 스터디

사내 컴퓨터 기술 향상
강습회

사외 모임 000연구회

POINT!

정보를 빠르고 확실하게 모으기 위해서는 스스로 주최자가 되는 것이 최고다. 정보란 발신자에게 가장 많이 모인다.

상대가 어떤 타입인지
성격을 파악한다

동물로 치는 점도 꽤 도움이 된다

어느 시대든지 점은 인기가 높다. 혈액형으로 보는 점, 서양 점성술, 사주 팔자…… 최근에는 동물로 치는 점도 나오고 있다. 당신을 동물에 비유한다면 어떤 타입의 동물이 될까를 생각해 보는 것인데, 이 점이 붐을 일으킨 근본적인 이유는 자기 자신의 운세와 함께 대인 관계가 궁금하기 때문이 아닐까.

사람과의 교류 속에서 상대의 성격을 제대로 연구하는 것은 중요한 일이다. 서로간의 이해가 친밀해지기 위한 첫걸음이다. 상대의 성격에 대응한 교제 방법을 쓸 수 있다면 성격이 나빠도 어떻게든 순조롭게 해 나갈 수 있는 것이다.

예를 들어, 당신 주위의 상사를 떠올렸을 때 배려심이 많고 우두머리 기질의 상사에게는 "선배님, 이건 어떻게 하면 좋을까요?", "선배님, 상담 좀 해주세요." 라고 솔직하게 기댄다면 순조로울 것이다. 또 완벽주의자로서 무엇이든 자신이 해야만 마음이 놓이는 사람도 있을 것이다. 이런 사람은 작은 실수도 싫어한다. 이런 상사에게는 일하는 모습을 관찰해서 좋은 타이밍에 "가르쳐 주십시오." 라고 가르침을 부탁하는 자세가 중요하다. 조금씩 신뢰를 쌓아가는 것이 방법이다.

사람 관찰만큼 흥미를 끄는 것도 없을 것이다. 가끔은 가벼운 기분으로 점을 치는 책 같은 것을 펼쳐서 자기 주위 인물의 성격 연구를 해보자.

부하는 개성을 인정하며 키워야 한다

부하의 타입도 다양하기 때문에 모두 똑같이 다루어서는 안 된다. 소심하고 신경질적인 타입은 칭찬으로 자신감을 주지 않으면 위축되어 성장에 방해가 될 뿐이다. 반대로 의욕이 넘치고 대범한 타입은 질책과 격려가 성과를 올리는 경우가 많다.

요즘 젊은이들은 학교나 가정에서도 별로 꾸짖음을 받는 경우 없이 자란 사람이 많은 것 같다. 질책을 당해 본 경험이 없기 때문에 다른 사람에게 약간의 주의를 받거나 꾸짖음을 당하면 마치 모든 인격을 부정당한 것처럼 받아들여서 심한 상처를 받기 일쑤다. 따라서 꾸짖는 방법도 상대에 따라 조금씩 달라야 한다. 자아를 잊어버리고 감정만으로 꾸짖어서 부하의 반감을 사거나 의욕을 상실시켜서는 본전도 찾지 못한다.

우수한 상사란 부하를 제대로 키우고 지도할 수 있는 사람을 말한다. 각각의 개성에 맞춰서 때로는 칭찬하고 때로는 꾸짖기도 하는 자세가 중요하다.

당신은 기가 세다.
그 강한 기를 누르지 않으면....

라는 코멘트

어떤 성격의 사람이든, 차이는 있지만 기가
세다라는 말을 듣고 「나는 다르다」라고 말할
수 있는 사람은 상당히 기가 센 사람이다!

상사

• 완벽주의
• 겉모습에만 신경을 쓴다.
• 아저씨 개그(농담)

동물점을 사무실 사람들에게 부합시켜 보면....

성격이 맞는
부하

성격이 안맞는
부하

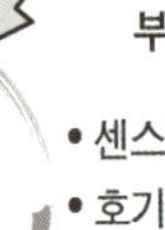

• 냉정하고 책임감이
  있다.
• 고집이 세다.
• 외로움을 잘 탄다.

• 센스있고 활달
• 호기심이 왕성
• 침착하지 못하다.

POINT!

점 같은 것이라고 무시하지 말고
주위 사람과의 교류, 연구에 활용해보자.

10

사전 교섭에 능숙해진다

일을 할 때 사전 교섭은 빼놓을 수 없다

회사가 조직 사회인 이상 자기 혼자서 처음부터 끝까지 일을 계획하고 실행하여 완수하는 것은 불가능하다. 젊은 사람들은 사전 교섭이라는 것에 좋은 이미지를 갖고 있지 않은 경우도 있지만 업무를 순조롭게 진행시키고 성과를 올리기 위해서는 **협력자나 적절한 조언을 해 줄 인재가 필요하다.**

협력자가 없는 데도 반대 의견을 무시하고 완강하게 자신의 방식을 고집하는 것도 하나의 방법이겠지만 실패를 하게 되면 자신만의 책임만으로는 끝나지 않는다. 어디까지나 업무는 이익을 창출해야만 하는 것이기 때문이다.

회의에서 무언가를 제안하려고 할 때, 새로운 프로젝트를 기획할 때 사전에 회의의 출석자나 협력자에게 미리 대답을 얻어 두거나 협력을 요청해 두는 것이 바로 사전 교섭이다. 또한 누군가에게 부탁하고 싶은 일이 있을 때는 정식으로 요청이나 의뢰를 하기 전에 사전에 교섭을 해 두는 경우도 종종 있다.

좋은 기획이 생각났다거나 프로젝트를 전개시킬 때는 사전에 동료나 상사에게 상담을 해보자. 그때는 TPO가 포인트가 된다. 상대방의 업무 상황을 가늠하여 그 사람의 자리로 가서 두 사람만이 얘기를 나누는 것이 좋다. 경우에 따라서는 술자리에 갔을 때 가볍게 얘기를 해 두는 방법도 좋을 것이다. 그 기획을 들은 동료나 상사의 반응을 우선 본다. 조언이나 반대 의견을 제시한다면 다시 한 번 점검을 하도록 하자.

사전 교섭의 상대는 3가지 패턴이 있다

자신의 제안에 대해 찬성해 주는 사람에게는 솔직하게 그 기획의 취지나 내용을 설명하고 조언을 구한다. '어차피 찬성해 줄 텐데.'라며 사전 교섭을 게을리 해서는 안 된다. 기획을 실행하는 단계에서 가장 힘이 되어 줄 사람이기 때문이다.

찬성인지 반대인지 불명확한 사람은 어떻게든 설득을 시켜서 협력을 얻어야 한다. "이 기획을 어떻게 생각하십니까? 좋은 제안이 있으신지요.", "OK사인이 나오면 ○○분야에서 협력을 얻을 수 있을까요?" 등 미리 언급을 해 둔다.

반대할 것 같은 사람에게는 적어도 어느 정도 중간적인 입장으로 운이 좋으면 찬성의 입장으로 바꿀 수 있도록 설득을 한다. 그러기 위해서는 논의하여 파악할 수 있도록 기획의 내용 연구를 확실하게 해 두어 열의를 보여주는 것이 중요하다. 상황에 따라서는 처음부터 사전 교섭을 하지 않는 편이 좋을 때도 있다.

1. 일의 기획, 계획에 있어서 내용을 충분히 분석, 검토한다.
2. 조직이나 업무 내용으로 볼 때 누구에게 사전 교섭을 하면 좋을지 대상을 정한다.
3. 일의 어느 단계에서 해야만 효과적일지와 그 방법 등을 생각한다.
4. 설득 방법을 연구한다. 손익, 이익을 구체적으로 제시하는 것도 좋은 방법이다.

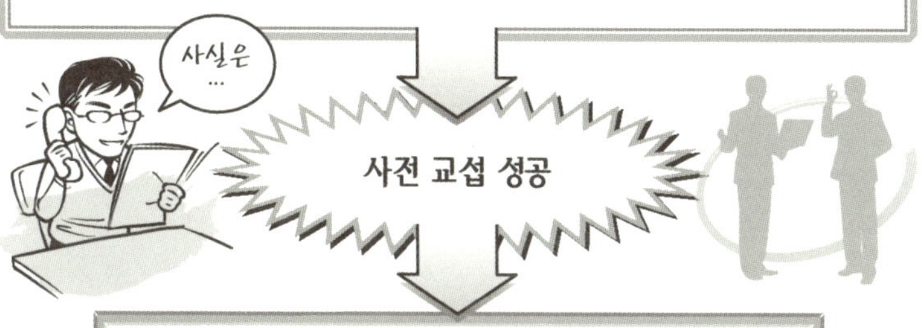

프로젝트나 기획이 순조롭게 진행되어 성과가 올라간다.

POINT!

사전 교섭에는 문제점을 미리 발견할 수 있다는 메리트가 있다.

11 각종 행사의 명총무 역할을 한다

사내 행사는 사람의 고리를 넓힐 수 있는 기회, 귀찮아하지 말라

사원 여행, 체육대회, 창립 기념일, 망년회, 각종 모임…… 이러한 사내 행사를 최근의 젊은이들은 별로 좋아하지 않는 것 같다. '그럴 시간이 있으면 일을 하는 편이 낫다' 라거나 '귀찮다' 라고 하지 말고 적극적으로 활용하길 바란다. 이런 기회가 연중 내내 있는 것도 아니고 평소에 접할 기회가 없는 다른 부서의 사람들과 대화를 나눌 수 있는 좋은 기회이기도 하기 때문이다. 대기업이라면 사장하고는 직접 애기를 나눌 수 있는 기회가 거의 없기 때문에 눈에 띌 수 있는 절호의 기회라고도 할 수 있다.

또한 업무를 벗어난 편안한 분위기의 장소에서는 친밀감도 높아지고 상대방의 새로운 면을 발견하는 일도 많다.

때로는 자진해서 총무역을 맡아보자. 즐거운 연회나 개성 있는 파티를 연출한다면 틀림없이 '능력 있는 녀석' 이라고 좋은 평가를 받을 것이다. 모두를 즐겁게 해주기 위해서는 어떻게 해야 할까, 세심한 배려, 일의 진행 방법 등을 몸에 익히는 것은 자신에게도 많은 공부가 된다.

포인트는 장소 선정, 평소에 안테나를 세워둔다

연회든 파티든 장소 선정이 가장 골치 아픈 부분이다. 무엇을 주안점으로 둘지 우선 생각하자. 요리가 우선인지 예산이 우선인지, 참석자의 연령층, 남녀의 비율도 고려해야 한다. 여성이 많을 경우에는 분위기가 좋은 곳, 술보다도 요리에 충실한 곳이 좋다.

자신이 평소에 이용해 본 적이 있는 곳이라면 그곳에 대해 잘 알고 있을 것이기 때문에 이용하기 편리하다. 경비, 요리의 종류, 테이블 수 등을 항상 메모해 두면 나중에 도움이 된다.

〈접대를 할 수 있는 장소〉, 〈권할 만한 장소〉 같은 종류의 책이 많이 나와 있다. 이런 책에서 소개하고 있는 곳들은 기대에 빗나가지 않고 가격도 부담이 없기 때문에 참고하면 좋다.

2차 모임은 하든지 하지 않든지 간에 계획은 세워 두는 게 좋다. "즐거워서 눈 깜짝할 새에 끝나 버렸어. 다음은 어디서 할까?" 라는 목소리가 들린 뒤에 알아보는 것은 낭패다. 노래방이라든지 차를 마실 수 있는 곳, 늦게까지 여는 가게 등 정보는 많을수록 좋다.

그리고 회비가 부족하게 되어 나중에 추가로 회비를 걷게 되는 일은 반드시 피해야 한다. 아무리 모임의 분위기가 고조되어 무르익었다 해도 그 시점에서 찬물을 끼얹는 것과 같다. 회비를 여유 있게 모아서 남은 회비는 다음 이벤트로 돌리거나 선물을 준비하는 등의 배려를 할 수 있다면 더할 나위 없을 것이다.

★ 참가자에 따라 장소를 선정한다.

여성이 많을 때는 술보다도 요리에 중점을 둔다.

★ 기본적인 조건을 충족시키자.

어디가지나 예산 이내(회비를 추가로 걷는 것은 안 좋다.) 위치가 좋은 곳

★ 기준을 정하고 장소를 선택한다.

자신이 정말로 데리고 가고 싶은 장소로(처음 가는 곳이라면 사전 답사가 필요)

★ 간단한 것이 최고

1차 모임에 중점을 둔다(3시간 정도면 요리가 제대로 되는 곳).

POINT!

평소부터 장소 정보에는 안테나를 세워두자.
언제 도움이 될지 모른다.

12

인맥 만들기에서 지켜야 할 금기 사항 7가지

금기에 주의한다

업무상 좋은 인간관계를 만들기 위해서는 그 나름대로의 요령이 필요하다. 다음의 7가지는 사람과의 교류에서 주의를 해야 하는 점이다.

---

❶ 절대로 다른 사람의 험담, 소문을 이야기하거나 듣지 말 것.

❷ 팔방미인이 되지 말 것.

❸ 고액의 돈을 빌리거나 빌려주지 말 것.

❹ 남의 이목 때문에 혹은 이해타산을 따져서 교제하지 말 것.

❺ 다른 사람을 시샘하지 말 것.

❻ 다른 사람의 프라이버시를 침해하지 말 것.

❼ 화제話題에 주의할 것.

존경할 만한 상사를 본받아 자신을 연마하여 부하로서 신뢰를 받을 수 있게 되면 효과적으로 인맥을 넓힐 수 있다. 상사의 관심을 끌

게 되면 상사로부터 사람을 소개받는 일이 많아지기 때문이다.

이런 금기 사항들을 모두 철저하게 지키는 것은 상당히 힘든 일이지만 항상 자기를 돌아보며 실행해야 한다.

화제話題 선정에서 당신의 센스가 빛난다

'입은 재난의 근원'이라는 말이 있다. 인간관계에 있어서 대화는 좋든 싫든 중요한 비율을 차지한다. **다른 사람이 싫어하는 얘기, 자랑은 하지 않는다.** 특히 잡담 중에는 자기 자신의 성격이 드러나기 때문에 화제 선정에 신중해야 한다. 직장에서는 잡담도 친구들끼리 하는 것처럼 얘기하면 실수를 하게 된다.

예를 들어, SEX 얘기. 알코올이 들어가는 장소에서도 음담패설은 요주의다. 그 자리의 분위기를 고조시키기는커녕 거북해지고 품성을 의심받게 되며 친근감은커녕 본전도 찾지 못하게 된다.

또한 자기 자랑만큼 듣기 싫은 것도 없다. 주절주절 길게 얘기하게 되면 누구라도 싫증을 느낀다.

잡담의 화제는 경험이 중요하다. 벼락 공부의 지식이나 정보를 늘어놓는 것이 아니라 평소의 생활 속에서 본 것, 느낀 것, 공감한 것들을 전하는 것이 좋다. 예를 들어, 취미, 여행, 최근의 관심사, 가정, 친구 등 공통점을 찾는다면 친근감을 높이게 될 것이다.

POINT!

입은 재난의 근원,
평소에도 늘 자신을 뒤돌아보며 센스 있는 사람이 되자.

사람들 앞에서 주눅이 들어도 좋고 말주변이 없어도 좋다

남의 얘기를 잘 들어준다

B씨는 ○○자동차 판매주식회사에서 자동차 세일즈를 한 지 5년이 된다. 말주변이 없기로 자타가 인정하는 사람이다. 특히 첫 대면인 사람 앞에서는 주눅이 들어 평소 이상으로 긴장을 해서 횡설수설의 악순환을 거듭한다. 다른 사람과 만나는 것은 일의 기본이다. 때로는 전혀 모르는 곳에서 세일즈도 해야 하는 영업 사원이기 때문에 상당히 고통스러울 것이다. 그러나 요 2년 동안의 영업 실적을 보면 최초로 사내에서 매출 3위를 벗어난 적이 없다.

그 비밀은 무엇일까? 사실 말주변이 없다는 것이 꼭 마이너스 요인이 되는 것은 아니다.

"전 너무 말주변이 없어서……" 라고 상대방에게 미리 알린다. 그리고 철저하게 상대방의 얘기에 귀를 기울인다. 미소와 맞장구를 치면서 열심히 얘기를 듣는다. 질문을 하면 성심성의껏 대답한다. 그렇게 하면 상대방은 자기도 모르는 새에 만족감을 느껴 이야기를 하는 것에 열중할 것이다. 대화에 능숙한 사람은 상대방의 입장을 존중해서 상대가 더 많은 얘기를 하도록 유도하여 어느 샌가 자신의 페이스로 끌어들여 자신의 목적을 달성한다. 꼭 유창하게 계속 떠드는 것만이 능사가 아니다. 상대에게 신뢰할 수 있는 인물이라고 평가를 받기 위해서는 능숙한 말주변보다 남의 얘기를 잘 들어주는 것이라고 해도 과언이 아니다.

평소에 화젯거리를 모아 둔다

업무에 관한 얘기는 잘 하면서도 잡담을 하게 되면 말주변이 없어 입을 다물게 되는 사람이 있다. 모처럼 순조롭게 상담이 성립되었는데 갑자기 입을 다물어 버리거나 이젠 볼일이 끝났으니까 라는 식으로 서둘러 자리를 떠나는 것은 너무 붙임성 없는 태도이다. 그까짓 잡담이라고 해도 잡담이 무르익어 친밀감이 높아지고 업무에도 좋은 영향을 주는 예는 얼마든지 있다.

예를 들어, 거래처의 담당자가 우연히도 동창이라면 화제도 충분할 것이다. 선배 후배라는 것은 어느 세상에서나 친밀감이 높은 법이다. 또한 같은 고향 출신이라면 대화는 금세 활기를 띠게 마련이다. 공통점이 있다는 것은 그만큼 강력한 무기가 되는 것이다. 단, 이것은 TPO를 고려하고 사전 조사를 해 놓은 뒤에 입에 담아야 한다. 일류 대학 출신이라거나 대학원 졸업 같은 고학력은 그렇지 않은 사람에게는 유쾌하지 못한 화제이기 때문이다.

평소에 자연스러운 화제를 모아 둔다. 그렇게 어렵게 생각할 필요는 없다. 화제의 영화, 베스트셀러 소설, 어젯밤의 프로 야구, 축구, 유행하는 컴퓨터 게임 등과 같은 이야깃거리를 수첩에 적어 두고 사람을 만나기 전에 잠깐 봐 두는 것도 좋은 방법이다.

공통의 화제를 찾으면 친밀감이 훨씬 깊어진다

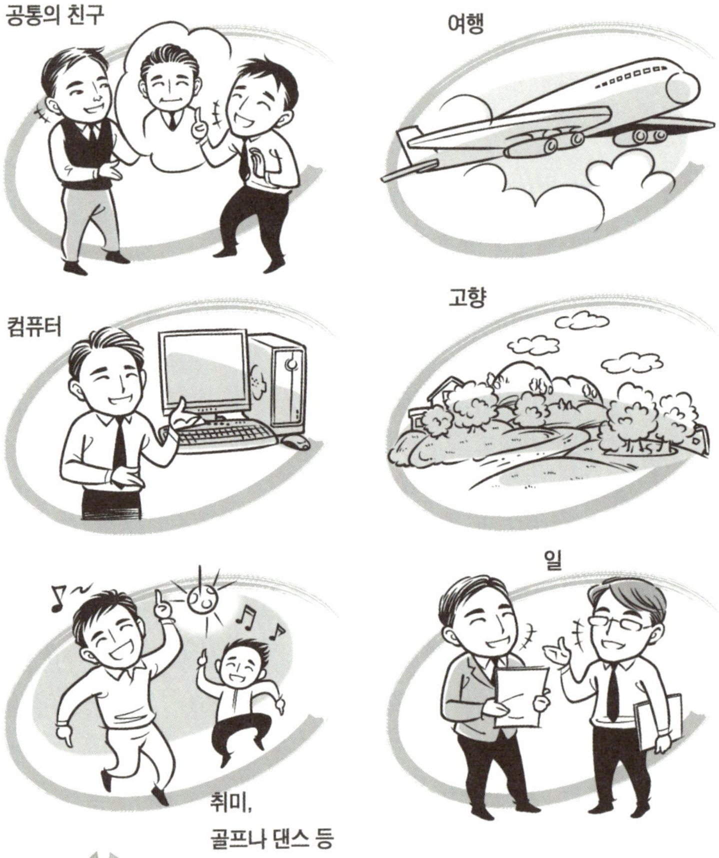
공통의 친구
여행
컴퓨터
고향
일
취미,
골프나 댄스 등

POINT!

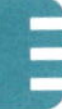

공통의 화제를 만들기 위해서는 평소에 다양한 것에 관심을 갖자.

인맥 만들기의 최종 무기이다

인터넷이 있는 생활은 즐겁다

인터넷 하면 매니아의 전유물이라고 말하던 때도 있었다. 컴퓨터를 통해 전혀 모르는 사람과 토론이나 대화를 하며 화면을 보고 미소를 짓거나 화를 내거나 하는 상황을 떠올리며 인상을 찌푸리는 사람도 있었다.

하지만 이제는 컴퓨터가 한 집에 한 대 이상은 다 있다. 또한 스마트폰을 이용해서 인터넷을 즐길 수 있는 시대가 되었다. 이제 인터넷은 누구나 효과적으로 정보를 수집하고 멀리 있는 친구와도 대화를 나눌 수 있는 편리한 도구가 되었다. **이 도구를 유용하게 활용하자.**

예를 들어, 신문 기사나 출판 정보, 비즈니스 정보 그리고 취미 정보까지 다양한 정보를 데이터베이스화하여 올려놓은 사이트들이 수없이 많다. 전문가가 글을 올리는 사이트들에는 어떤 미디어보다 신속하고 정확한 정보가 올라와 있다. 흥미 있는 주제를 검색해서 자신의 의견을 올려 보도록 하자. 전문가의 의견을 읽는 것만으로도 도움이 되지만 적극적으로 참여 해보면 다양한 면을 배우게 될 것이다.

뭐라고 해도 사람과 사람의 커뮤니케이션이 기본이기 때문에 오프

라인 모임이라 불리는 이벤트나 술자리 모임도 자주 열리고 있다. 이런 모임에 참석하면 일상생활에서 벗어난 생활권 밖에서 인맥을 넓힐 수 있을 것이다.

인터넷을 통해 여사원에서 회사 경영자로 변신

D씨는 해외사업부 여사원으로 시스템 컨설턴트를 하고 있다. 취미도 컴퓨터를 다루는 것이어서, 인터넷에서 SOHO 연구 서클의 멤버로 매일 활발한 활동을 하고 있다. 멤버는 변호사, 공인회계사, 사무관, 변리사, 마켓 플래너, 그래픽 디자이너, 컴퓨터 교실 강사 등으로 상당히 다양하다. 이 서클의 가장 큰 매력은 '유한회사를 설립하기 위해서는 어떤 수속을 해야 하는가?' 라고 게시판에 질문을 올리면 무료로 친절하게 대답을 들을 수 있다는 것이다.

전부터 독립을 해서 '컴퓨터에 관계된 모든 주문을 받는 회사(교육, LAN 구축, 소프트웨어 도입, 인터넷 접속 등)' 를 설립해 보고 싶다고 생각하고 있었다. 오프라인 모임에 참석해 보니 우연히도 자신의 회사 설립에 찬성하는 동료가 3명이나 있었다. 눈 깜짝할 사이에 얘기가 진행되어 지금은 기업가로 변신했다. 이런 예는 보기 드문 일이 아니다.

- 검색 엔진을 이용해서 정보를 얻는다.

- 전세계의 사람들과 커뮤니케이션(이메일, 채팅)

- 온라인 게임

- 구직

- 쇼핑(해외 통신 판매도 이용 가능)

- 국내외의 여행 정보 검색

- 문헌, 자료, 잡지 검색

POINT!

무작정 인터넷을 이용해 보자.
활용 방법은 그 후에 생각하면 된다.

더 좋은 인맥을 만든다

꾸준한 유대 관계를 유지한다

우연히 어떤 모임에서 만나 명함 교환을 했다고 해서 친숙해졌다고 생각하면 그것은 큰 착각이다. 아직 인맥이 형성되었다고 볼 수 없기 때문이다. 필요한 순간에 서로 도움이 되었을 때야말로 처음으로 인맥이 형성되었다고 볼 수 있다.

'이 사람이다'라고 생각되는 인물을 만났다면 우선 감사 편지나 메일 등을 보내 앞으로도 **오랫동안 교제할 수 있도록 노력을 해야 한다.** 특히 스터디나 강연회 후에는 감상이나 만나서 반가웠다는 뜻을 메일이나 문자로 담아 보내면 좋다. 상대방에게 자신의 인상을 깊게 남기는데 효과적이다.

이메일 등은 물론이고 가끔 전화도 걸도록 하자. "근처에 올 일이 있어서⋯⋯" 라고 말하고 회사에 얼굴을 내미는 것도 좋은 방법이다. 계속해서 유대 관계를 유지해 둔다. 매일 매일의 바쁜 일과에 휩쓸려 있다 보면 애써 만든 인맥도 어느 샌가 소멸해 끊기게 된다.

기브 앤 테이크 정신을 잊지 말자

자신의 주위에도 한 명이나 두 명쯤은 인맥의 달인達人이라고 할 수 있는, 주위에 사람들이 끊이지 않는 사람이 있을 것이다. 어째서 그 사람은 풍부한 인맥을 가지고 있을까를 분석해 보면 도움이 될 것이다. 단지 떠들썩한 것을 좋아하기 때문에? 남에게 신경을 잘 써주기 때문에 성실하고 따뜻한 성품을 가지고 있기 때문에? 진지하고 신뢰할 수 있기 때문에 이러한 존경할 만한 점들을 많이 배워둬야 한다.

좋은 인맥은 자연히 또 다른 좋은 인맥을 부른다. 세상의 흐름은 그렇게 되어 있다. 그런 인맥의 고리 속에 자신도 들어가고 싶을 것이다. 무엇보다도 원칙은 기브 앤 테이크이다. 자신의 이익만을 생각하고 상대의 도움만을 기대한다면 계속적인 교제는 무리다.

예를 들어, 다른 사람에게 정보의 요청을 받았을 때는 아무리 작은 일이라도 정보를 제공해 주도록 노력하자. 직접적으로 자신의 이익에 연결되지 않더라도 전력을 다해 알아봐 주도록 해야 한다. 경우에 따라서는 더욱 자세한 정보를 가지고 있는 친구를 소개해 주면 좋다. '그 사람에게 물어 보면 어떻게든 된다' 라는 평가를 받으면 완벽하다. 이런 평가가 의외로 인맥을 넓히는 비결이 될 수 있다.

또 스스로를 향상시키는 것에 노력을 게을리 하지 말자. 개인으로서 비즈니스맨으로서 유능하고 매력이 있다면 사람은 저절로 모여들기 때문이다. 서로간에 기량을 높일 수 있는 교제를 한다면 견문도 넓어지고 물론 인맥도 넓어져 갈 것이다.

스터디 모임이나 강연회에 참가

필요한 사람을 만나게 되면 될 수 있는 한 빨리 감사장을 보내서
상대방에게 인상을 남긴다(메일, 문자)

그 후에도 연하장, 전화 등으로 성실하게 연락을 취하자.
"잠깐 근처에 올 일이 있어서…."라며 회사에 들러 인사를 하는 등.

POINT!
자신도 상대에게 '도움이 된다', '저 사람에게 물어 보자'라고
기댈 수 있는 존재가 되기 위해
매일 자신을 연마하는 노력을 아끼지 말자.

지식과 매너

직장에서의 매너를 배운다

공과 사의 차이를 정확히 한다

직장에서 평가하는 것 중에 몸가짐, 업무 태도, 공公과 사私의 구분 등 주의를 기울여야 하는 것이 몇 가지 있다. 몸에 익숙해지는 동안은 조금 괴로울 수도 있지만 직장은 학교의 연장선이 아니다. 사회인이라는 자각을 하고 성실하게 임하지 않으면 안 된다.

'무엇이든 일단 몸가짐부터' 라는 말이 있다. 청결한 정장을 걸치면 마음도 단정해질 것이다. 남성이나 여성 모두 회사에서는 정장이 기본이지만 실용적이고 활동하기 쉬운 것을 입으면 된다. 여성은 사원복이 없는 경우는 너무 스스럼이 없어 보이는 옷은 피하고 긴장감을 느낄 수 있는 것을 고르면 좋다. 또한 너무 화려한 옷은 남자 사원의 일의 효율을 저하시킨다. 복장에서부터 일과 사생활의 구분을 짓는 것이 중요하다.

마찬가지로 공과 사를 주의해야 하는 사항을 보면 다음과 같다.

- **개인적인 전화 통화** – 회사 전화는 업무를 위해 있는 것이다. 또한 회사는 시간에 따라 보수를 지불하고 있기 때문에 개인적인 대화는 회사에

손해를 끼치는 결과가 된다.

- **회사의 비품을 사적으로 사용하지 않는다** – 사무용품, OA기기도 철저히
  해야 한다.

- **부하 직원을 사적으로 부리지 않는다** – 담배나 편의점 심부름을 시키거
  나 커피를 부탁하거나 이사 준비를 부탁하는 등 사적으로 부리지 잃는
  다. 또한 아무리 친하다고 해도 상사는 상사, 개인적인 일의 부탁은 금물
  이다.

일과 데이트 중 어느 쪽이 중요한가

데이트 약속이 있는 날에 야근을 해야 한다면 당신은 어떻게 할 것
인가?

- 야근이라고 하고 데이트를 취소하자고 전화한다.
- 약속을 한 시간 늦추고 필사적으로 처리한다.
- 다른 사람에게 부탁하고 데이트하러 간다.
- 연락도 안하고 데이트에 늦게 간다.

여러 가지일 것이다. 똑똑한 사람은 오늘은 야근하고 싶지 않다는
생각에 아침부터 열심히 일해서 누구에게도 피해를 주지 않고 데이
트에 여유 있게 갈 것이다.

이런 사례 하나만 봐도 일에 대한 자세, 인간성, 인생관까지 알 수
있다. 아무도 '이렇게 하라' 고는 강요하지 않지만 공公과 사私 모두를
중요하게 여기고 누구에게도 피해를 주지 않는 것이 책임감 있는 사
회인일 것이다.

1. 회사의 전화를 개인적으로 사용하지 않는다.

개인 전화는 점심시간에 휴대폰이나 공중전화로

2. 회사의 비품을 마음대로 가져가지 않는다.

컴퓨터로 놀지 않는다.

3. 주소는 명확하게

자리를 비울 때는 가는 곳과 귀사 시간을 알린다.

4. 부하 직원에 사적 심부름을 시키지 않는다.

이사 준비, 아이의 가정 교사 등을 부탁하지 않는다.

5. 회식일수록 예의를 갖춘다.

술에 취해서 상사의 집에 가지 않는다.

POINT!

공사(公私) 모두 중요하다면 철저하게 구분해야 한다.

02 접대

손님 접대의 예의를 배운다

손님 접대는 회사의 대표라는 생각으로 임한다

신입 사원일 때는 회사에 온 방문객을 응대할 때면 긴장하기 마련이다. 이럴 때 기본적인 매너를 익혀 두면 좋다. 포인트는 다음과 같다.

❶ 방문 예정자를 안내 데스크에 알려둔다

"오늘 오후 3시에 OX사의 홍길동 씨가 김 과장님을 방문할 예정입니다. 부탁드립니다." 라는 식으로 사전에 알려 두면 안내원의 대응도 부드러워진다. 이때 만나는 회의실 키나 응접실이 정해져 있다면 밖에서 기다리게 하는 일은 없을 것이다.

❷ 방문객을 기다리게 해서는 안 된다

약속을 하고 온 방문객을 기다리게 하는 것은 대단히 실례다. 급한 전화나 급한 사정이 있을 때는 다른 사람을 통해 방문객에게 사정을 설명해서 기다리게 한다. 음료를 준비하면서 "앞으로 5분 정도만 기다려 주십시오." 라고 전하는 것도 좋다.

❸ 접객 중엔 스마트하고 좋은 인상으로

회의가 침체된 경우 커피는 분위기를 바꾸기에 좋은 재료이다. 또한 팔짱을 끼거나 다리를 꼬거나 의자를 뒤로 젖혀서 앉는 태도는 좋지 않다.

❹ 음료에도 신경을 쓴다

여름에는 차가운, 겨울에는 따뜻한 것을 준비한다.

❺ 배웅은 정중하게 끝까지

면담의 마지막은 배웅이다. "일부러 시간을 주셔서 감사했습니다." 라고 인사를 한 다음 응접실 밖이나 엘리베이터까지 꼭 배웅한다. 방문객이 중요한 거래처의 중역이나 주주 등인 경우는 현관까지 가서 차가 출발하면 인사를 하기 시작해서 차가 안 보일 때까지 한다. 방문객은 그런 모습에 예외 없이 호감을 갖고 대단히 황송하게 여길 것이다.

길어지는 상담을 중도에 끝내고 싶을 때는

의미 없이 길어지는 상담은 도중에 끝내는 지혜가 필요하다. 방문객에게 불쾌한 느낌을 안 주도록 "죄송합니다만 5시에 OX사에 가야 하는 약속이 있어서요." 라고 적당한 구실을 만드는 것도 하나의 방법이다.

또한 길어질 것으로 예상되는 방문객의 경우는 사전에 동료에게 부탁해서 "급한 볼일이 있습니다만" 이라고 시간을 약속해 두고 중간에 끝내는 것도 하나의 방법이다.

잘라서 거절하지 않는다.

유익한 정보를 얻는 경우도
있다.

바쁠 때는?

5분 간이라고 시간을 정해서 만난다.
또는 다시 약속을 정하고
돌아가도록 한다.

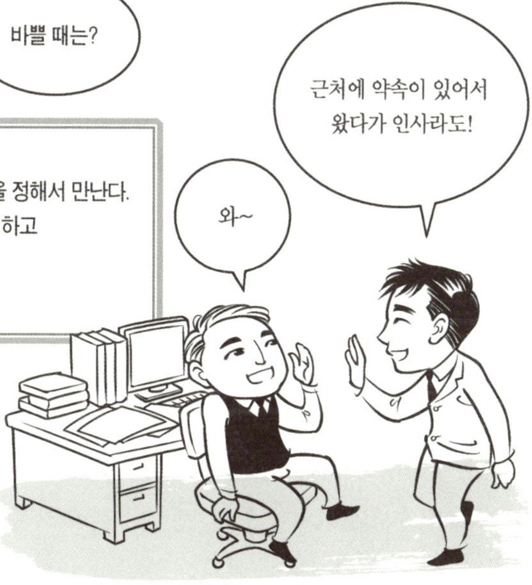

POINT!

도저히 어려울 때는 "정말 죄송합니다만 지금부터 외출해야 하는데..."
등의 이유를 들어서 거절하자. 거짓말도 쓰기 나름이다.

자리배정에는 룰이 있다

자리배정은 마음 씀씀이의 기본이다

신입 사원인 C씨는 상사의 지시로 거래처 영업 부장의 공장 안내를 맡았다. 때마침 비가 와서 택시를 잡아타고 자신이 가장 안쪽의 좌석에 앉았다. 얼마 안 가서 공장에 도착한 후 부장을 내리게 하고 요금을 지불한 후에 내렸다. 그런데 마중 나온 공장장에게 나중에 엄청 혼났다. 택시의 상석은 운전사의 뒷 자리라는 이유에서였다.

비즈니스의 세계에서는 예우禮遇가 대단히 중요하다. 자리에도 장소에 따라 순서와 위치가 있다. 상사나 선배와 행동을 같이 할 때 회의실이나 연회, 전철뿐만 아니라 엘리베이터까지 동석하는 사람의 직급상 상하 관계에 따라 자리가 결정된다. 어떤 자리가 상석인가를 기본적으로 파악해 두지 않으면 안 된다.

직급이 높은 사람이 원하는 것을 중시하는 것이 가장 좋지만 이것은 경우에 따라 다르다. 다른 회사에 방문해서 응접실로 안내를 받았을 때 어디에 앉을지 서성댔던 경험은 누구나 있을 것이다. 상당히 어려운 문제로 C씨의 경우처럼 선배에게 주의를 받거나 어쩔 줄 몰라하기 쉽다.

사회인이 되면서부터 암묵적 룰인 자리배정을 가장 먼저 배워둘 필요가 있다. 몰랐다는 것은 통하지 않는다.

입구에서 멀수록 상석이 된다

위치가 높은 사람이 앉는 자리가 상석이다. 방 구조나 의자 위치 등에 따라 결정되는 경우도 있지만 대개 **입구에서 가장 먼 자리가 최고 상석**이라고 생각하면 된다. 느긋하게 앉아서 장식품 등이 보이는 위치. 의자로 판단한다면 **소파 → 팔걸이 의자 → 의자**순으로 나뉜다.

일식집이라면 장식을 등에 둔 자리, 정원이 있다면 잘 보이는 위치가 상석이다. 요리집에서 판단하기 힘들 때는 사전에 사람 수를 말하면서 상담해 보는 것도 좋다.

엘리베이터는 안내자가 조작판 앞에 서고 안내자 쪽으로 가장 안쪽이 상석이다. 입구에서 가장 가까운 자리가 말석이다.

열차나 비행기의 경우는 **진행 방향의 창 쪽이 상석**이 된다. 그러나 사람에 따라 창 쪽을 싫어하는 경우도 있기 때문에 "이 좌석으로 괜찮으십니까?" 라고 물어 보는 것도 좋다. 중요한 것은 쾌적하게 지낼 수 있는 자리를 내어 드리는 것이다.

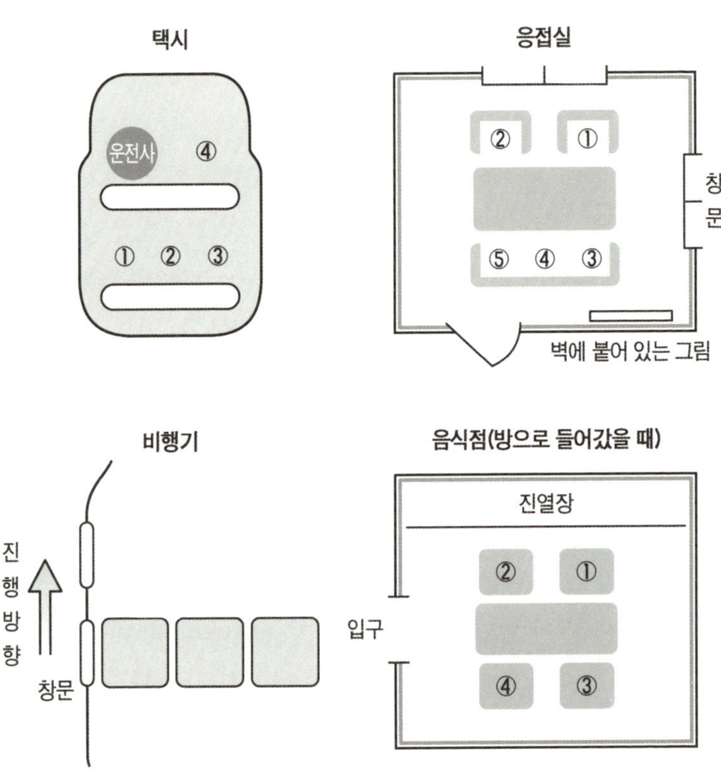

숫자는 윗사람순부터 ①, ②, ③의 순

POINT!

입구에서 가장 먼 좌석이 상석이 되는 것이 기본.
곤란한 경우에는 이 방식으로...

다른 회사 방문시 주의사항

약속은 상대방의 입장을 우선적으로 한다

다른 회사를 방문할 때는 3일에서 일주일 전에 전화로 괜찮은지를 확인하고 방문 날짜를 정한다. 약속을 받는다는 것은 상대의 귀중한 시간을 자신 때문에 비워 둔다는 것이다. 충분하게 여유를 가지고 전화를 해서 상대방이 괜찮다는 날짜를 잡는다.

"안녕하십니까. ○○○디자인 회사의 홍길동입니다. 실은 의뢰 받은 입사 안내 팜플렛의 견본이 나왔는데 방문해서 견본을 보여 드리고 싶습니다. 담당 디자이너도 같이 가겠습니다. 언제쯤이 괜찮으실지요?" 라는 식으로 방문의 목적과 동행자(사람수)를 말하는 것이 예의이다. 그렇게 하면 상대방도 준비를 하고 맞이할 것이다.

용건은 간단하게 한다

처음부터 "○○○때문에 찾아뵙겠습니다." 라고 말해 버리면 오래 있을 필요가 없어진다. 일이 차근차근 진행되도록 준비한다. 이런저런 인사치레를 하면서 본론에 들어가지 못하면 상당히 말하기 어려운 일이라고 생각되어 상대방이 경계를 할 수도 있다.

　가장 안 좋은 것은 상대방의 시간을 예정보다 너무 많이 빼앗는 것이다. 더욱이 면담자가 관리직이라면 다음 약속이 있는 것으로 간주해도 된다. 시간은 모든 사람에게 있어서 목숨과 같다고 생각해 두는 것이 좋다.

　가장 좋은 것은 처음에 시간 확인을 하는 일이다. "바쁘실 텐데 죄송합니다. 몇 시까지 시간이 있으십니까?" 라고 묻는다. 그렇게 하면 대화의 전개도 자신이 조절할 수 있다.

　그래도 주어진 시간에 상담이 끝나지 않을 것 같으면 상황에 따라 판단하여 적절히 행동하지 않으면 안 된다. 상대방이 마음을 열고 있고 분위기도 고조되어 있는 경우는 그대로 계속 진행한다.

　"좀 더 시간을 주시면 설명을 끝낼 수 있는데 괜찮으신가요?" 라고 확인해 본다.

　상대방이 시간을 걱정하거나 바쁜 것 같으면 그대로 끝내고 다음 약속을 정한다. 이 부분의 결정이 중요하다. 끈질기게 매달리는 인상을 주면 안 된다.

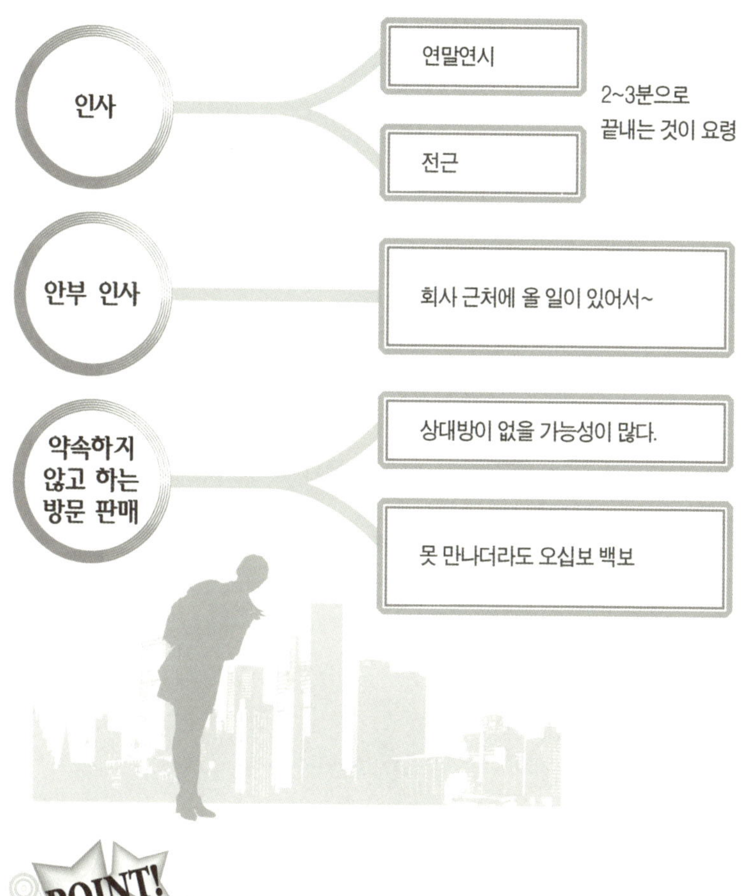

바쁜 상대에게 약속을 정해서 시간을 뺏지 않는 것이 매너이다.

명함 교환의 예절

누가 먼저 명함을 꺼낼 지 헤맬 땐 먼저 주는 것이 요령이다

명함을 교환할 때 누구부터 순서대로 꺼낼 것인가 헤맨 경험이 있을 것이다. 일반적으로 자기 소개 순서와 같이 다음처럼 생각하는 것이 좋다.

❶ 나이 어린 사람이 먼저

❷ 지위, 직급이 낮은 사람이 먼저

❸ 방문한 사람이 먼저

❹ 계약을 위한 장소에서는 파는 사람이 먼저

❺ 사람을 소개할 때는 소개자와 보다 친한 사람이 먼저

단지 ❶과 ❷는 표면적 판단이 어려워서 서로 명함을 교환하고 나서 알 수 있는 일이기 때문에 **망설이게 될 땐 먼저** 꺼낸다. 명함은 먼저 건네도 실례가 아니다. 또한 상대방이 먼저 명함을 준비해서 가지고 있다면 서두르지 말고 먼저 받아도 실례가 아니다. 받을 때는 두 손으로 "늦게 드려서 죄송합니다." 라고 한마디 건네는 것이 좋다.

명함은 "○○회사의 XX라고 합니다." 라고 확실하게 인사하면서 오른손으로 상대의 가슴 높이로 건넨다. 그리고 "잘 부탁드립니다." 라고 인사를 한다. 여기서부터 만남이 시작된다.

명함을 꺼내려는데 상대방이 먼저 꺼내는 경우도 있다. 이런 경우는 **자신의 명함은 테이블에 올려놓고 먼저 받는다.** 이것이 가장 정중한 방법이다. 또 동시에 교환해도 좋다. 왼손으로 상대의 명함을 받으면 상대에게 건넨 손으로 다시 명함을 잡을 수 있는 형태가 된다. 습관이 되면 자연스럽게 할 수 있다.

명함을 잊었을 경우에는

중요한 상대와 만날 때 명함을 잊었다. 회의에 와보니 예상외로 참석자의 수가 많아서 명함이 부족하다. 이런 상황은 있어서는 안 되지만 자주 있는 일이다. 없을 땐 어쩔 수 없기 때문에 "저는 ○○회사 영업 3과 XX라고 합니다만 죄송합니다. 오늘 명함을 안 가지고 왔습니다." 라고 솔직하게 말한다. 상대가 명함을 주기 전에 미리 얘기하는 것이 포인트이다.

회사에 되돌아가서 우편으로 부치든지 다음에 만날 때 확실하게 전달한다.

이런 실수가 없도록 외출 전에 꼭 명함을 준비해야 한다. 명함이라는 것은 상대에게 남는 소중한 것이다. 지저분하거나 구겨져 있다면 상대에게 실례이기 때문에 언제나 새 것으로 준비해야 한다.

명함을 꺼내는 순서

① 나이가 적은 사람이 먼저

② 지위, 직급이 낮은 사람이 먼저

③ 판매하는 쪽이 먼저

④ 소개자와 보다 친한 쪽이 먼저

POINT!

명함을 누가 먼저 꺼낼지 서로 미룰 땐 내가 먼저 꺼내도
실례가 되지 않는다.

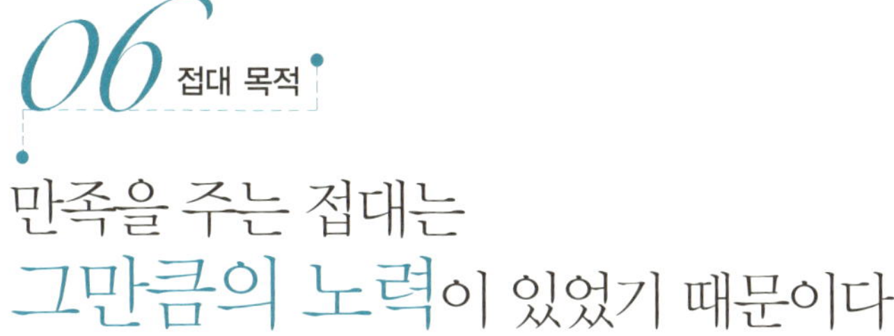

만족을 주는 접대는
그만큼의 노력이 있었기 때문이다

접대의 목적은 상대방의 즐거움에 있다

접대라는 것은 술, 식사, 골프 등이 대표적이지만 실제로는 여러 가지 방법이 있다. 야구나 농구 관전, 오페라나 연극, 콘서트에 초대하는 것들이 있다. 멋진 식당에서 점심 식사를 하는 것도 좋다. 중요한 것은 신세를 지고 있는 상대방이 즐거워해야 한다는 것이다. 많은 돈을 들여 유명한 요리집에서 식사하는 것도 좋지만 오히려 상대방이 '불편해서 재미없었다' 라고 한다면 그 접대는 의미가 없다.

포인트는 다음 다섯 가지이다.

❶ **TPO를 생각해서 정한다.**

상대의 취미나 좋아하는 것을 고려한 방법으로 앞에 나열한 술좌석 이외에도 여러 가지 접대 방법이 있다.

❷ **접대의 이유를 확실하게 정한다.**

"○○○의 건으로 신세를 졌기 때문에 이렇게……" 라는 식으로 명확하게 하면 상대방도 편안하게 승낙한다. 접대는 당연히 비즈니스상의 의도가 있기 때문에 이쪽의 의도를 모르면 상대방은 경계심을 가지게 되고 즐길 만한 분위기로 만들기가 어렵다.

❸ 접대의 자리에서는 상담을 피한다.

일에 관련된 얘기는 흥을 깨게 된다. 특히 술자리라면 주의해야 한다.

❹ 즐길 수 있는 분위기를 만들도록 하자.

상대방보다 먼저 나태해져 버리거나 예의를 잊어버리는 일은 없도록 한다.

❺ 바이어의 배웅, 계산은 자연스럽고 센스 있게.

귀가 차량 준비는 빠르게, 계산은 상대방이 화장실에 갔을 때 끝내는 등 미리 처리해서 상대방이 신경쓰지 않도록 한다.

바이어를 치켜세운다

마작이나 골프 등의 승패를 가르는 접대는 자신도 모르게 뜨거워지기 마련이다. 그러나 상대방을 즐겁게 해주기 위한 시간이라고 생각해서 처음부터 일부러 힘을 빼거나 지거나 하는 것은 생각해 볼 문제이다.

그렇다고 해서 자신의 입장을 잊을 정도로 게임에 열중하는 것도 곤란하다. 페어플레이와 기분 좋은 매너를 지킨다. "언제 다시 한 번 더 하고 싶군요." 라는 말을 들었다면 대성공이다.

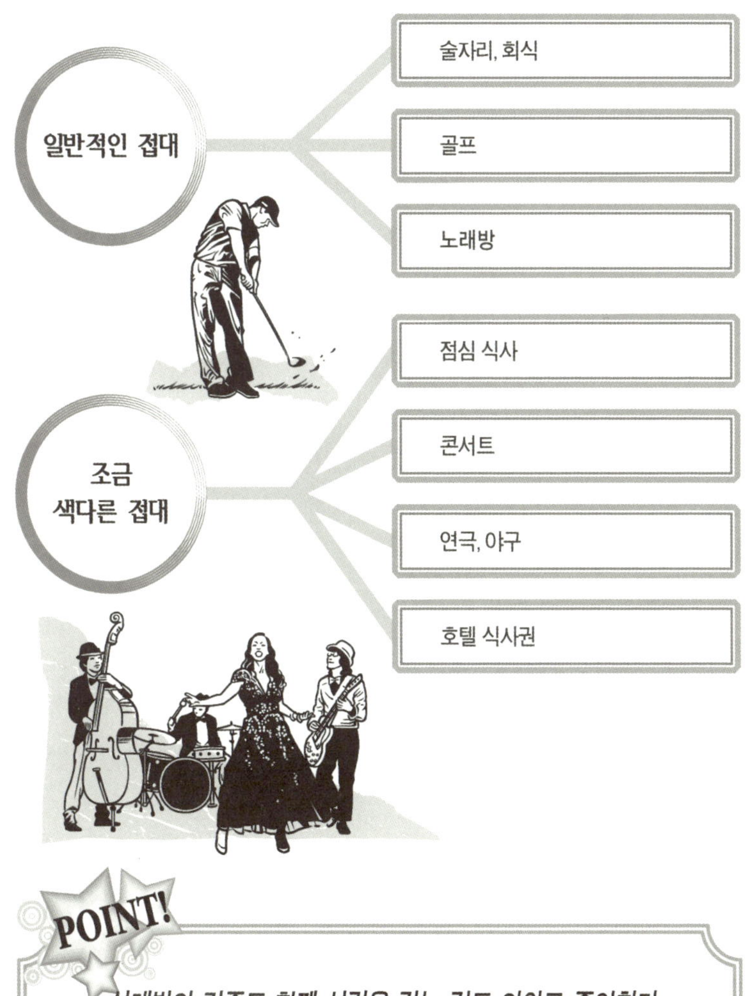

POINT!

상대방의 가족도 함께 시간을 갖는 것도 의외로 좋아한다.

07

인간관계를 깊게 해주는
절호의 장소이다

술자리 대화는 메리트가 크다

직장 동료 혹은 거래처와의 술좌석이라도 비즈니스 사회에서는 커다란 의미가 있다. 술이 들어가면 긴장도 풀리고 말도 자연스럽게 나와서 서로의 성격을 알 수 있게 되거나 공통점을 발견할 수 있게 되어 인간관계가 부드럽게 발전하는 경우가 많다.

하지만 술은 어떻게 마시느냐에 따라 오히려 감점 요인이 되기도 하므로 조심해야 한다. 학창 시절 친구들과의 술자리는 이제 졸업한 것이고, 비즈니스맨이 갖추어야 할 술자리 매너의 포인트는 다음과 같다.

❶ 상대보다 먼저 취하지 않는다.

술을 따르는 역할이 되어 대화를 나누면서 마신다. 사전에 우유나 약을 먹고 컨디션을 조절해 두는 것도 좋다. 화장실에 많이 가거나 노래를 부르거나 해서 취하는 것을 늦추는 방법도 좋다.

❷ 귀중한 정보, 상대방의 말에 열심히 귀를 기울인다.

대화의 묘미는 듣는 역할을 맡은 사람이 얼마나 잘 하는지에 있다. 화제 제
공, 말을 계속 하게 하는 방법, 맞장구를 치는 방법 등을 공부한다. 평소부
터 선배들이 접대하는 모습을 관찰해 두면 좋다.

❸ 술을 무리하게 권하지 않는다.

못 마시는 체질의 사람, 못 마시는 사정이 있는 사람(지병, 다음 날 아침 일
찍부터 일이 있는 경우, 차를 가져 온 경우 등)이 있다. 무리하게 마시게 하
는 것은 예의에 벗어나는 행위이다.

❹ 자신의 다른 모습을 어필한다.

회사 이외의 자신을 어필할 수 있는 절호의 기회라고 생각하자.

❺ 다음 날도 평소처럼 출근한다.

너무 마셨다는 이유로 지각 · 결근을 하는 것은 말을 꺼낼 가치도 없는 것
이다. 술 마시는 것으로 인격을 시험받는다.

술을 전혀 못하는 사람이라도

A은행 OO지점의 XXX 지점장은 술을 전혀 못한다. 젊을 때는 고
객을 상대하는 일이기 때문에 어쩔 수 없이 목숨 걸고 술 마시는 연
습을 했다. 그래서인지 맥주를 겨우 한 잔 정도까지 마실 수 있게 되
었다. 그러나 그에게는 술자리 분위기를 망치지 않는 자신만의 방법
이 있다. 술을 많이 마신다고 전부가 아니다.

연회는 건배 첫잔은 술. 가볍게 입술을 대고 그 후로는 입술에 살
짝 살짝…… 도중에 우롱차로 바꾼다. 술이 강한 부하 직원을 동행시
켜 대신 잔을 받게 한다. 그 다음부터는 그 자리의 화제를 즐기면서
모두와 끝까지 술자리를 즐길 수 있다고 한다.

취하지 않는 테크닉을 몸에 익히자

술을 따르는 역할을 맡는다.

공복에 마시지 않는다.

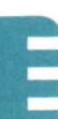

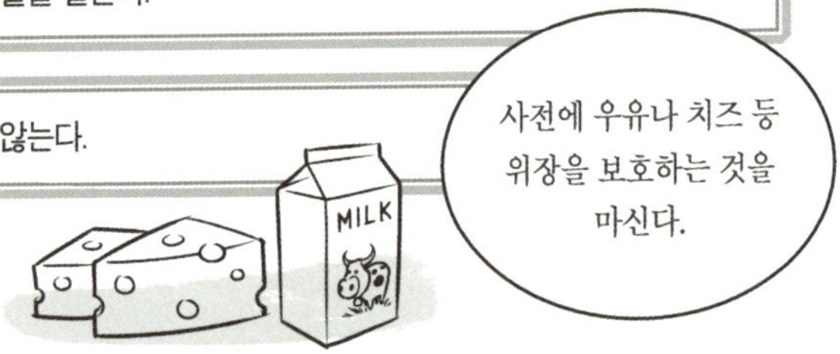

위장약이나 음주용 드링크제 등을 미리 복용

못 마시는 사람은....

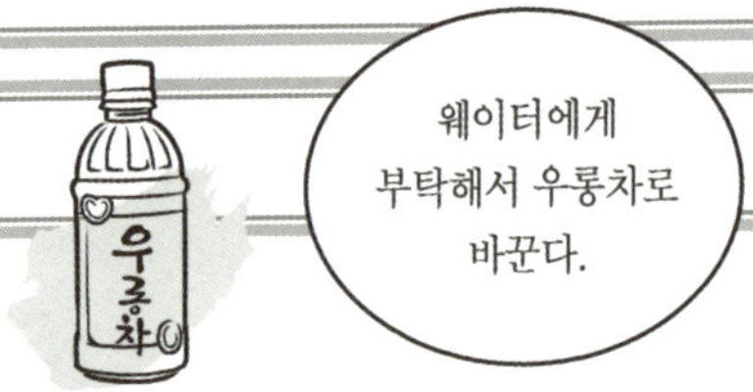

대화에 정력을 쏟는다.

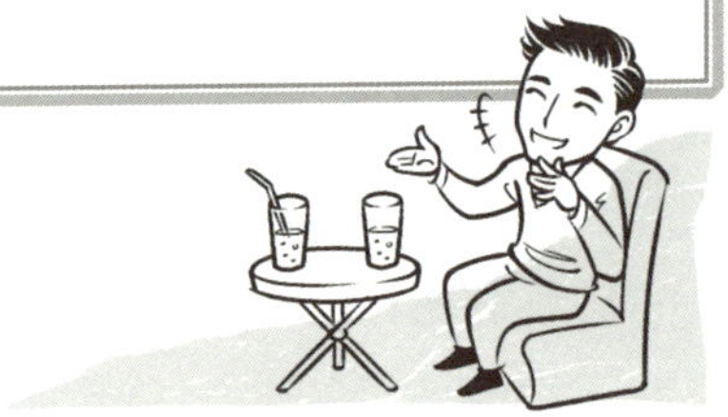

POINT!

술자리는 인간관계를 깊게 함과 동시에 귀중한 정보를 얻을 수 있는 기회의 장소, 부디 취하지 않도록 한다.

매너를 알아둔다

소개를 부탁할 때는 예의를 갖춘다

"새로 출시된 약품의 판로를 늘리고 싶은데 ○○병원의 사무장을 소개시켜 주시지 않으시겠습니까?" 라든지 "전자상거래에 지식이 많은 인재를 찾는데 누구 마땅한 사람이 없을까요?" 등 비즈니스 사회에서는 소개를 의뢰하거나 의뢰를 받는 일이 많다. 소개의 목적을 확실하게 하고 서로의 능력이 닿는 범위 내에서 협력한다.

소개를 의뢰할 때는 소개자에게 부담이 되지 않도록 주의해야 한다. 소개는 메일, 전화, 명함을 사용하거나 직접 만나는 방법이 있지만 어느 것이든 소개자에게 부탁하는 것이다. '직접 만나게 해달라' 라든지 '오늘이나 내일 중으로 부탁한다' 등과 같이 소개자의 입장을 생각하지 않고 무리하게 부탁하는 것은 예의가 아니다.

소개를 받으면 빠른 시일 안에 소개를 해준 사람을 찾아간다. 소개를 해준 사람에게는 틀림없이 그 결과를 보고하고 일이 성사됐든 안됐든 인사를 한다. 좋은 결과가 나오지 않더라도 예의를 지킨다.

무분별한 소개는 신용을 잃는다

비즈니스 때문에 사람을 만나는 행위는 '그 사람에 대해서 자신이 책임을 진다'라는 중대한 의미가 있다. 따라서 **그다지 잘 모르는 인물이나 의리 때문에 하는 소개는 거절한다.**

소개장을 써 달라고 부탁을 받더라도 별로 내키지 않는다면 "소개장을 써 줄 정도로 친하지 않아서……"라든지 "저는 소개장을 써 주지 않는다는 것을 원칙으로 합니다."라고 말하고 거절하는 편이 좋다. 괜히 자만하다가 신용을 잃지 않도록 주의해야 한다. 신중하게 생각해야 한다.

소개할 가치가 있는 의뢰인인가 또는 그럴 만한 가치가 있는 용건인가를 확인한 다음 소개할 수 있다고 판단되면 책임을 지고 일을 진행한다. 정중한 소개장은 하얀 용지에 자필로 소개하는 사람의 이름, 직업(근무처), 인격, 자신과의 관계, 소개 목적 등을 적는다.

이것을 의뢰인에게 읽어보게 한 후 봉투를 개봉한 채 건넨다. 처음에 전화로 승낙을 얻은 다음 문서로 소개하는 것이 통상적인 방식이다. 윗사람을 소개할 때는 봉투를 밀봉한다.

용건이 간단할 때는 명함 뒷면을 이용하는 것도 가능하다. 또한 매우 친한 상대에게 간단한 용건을 소개할 때는 전화만으로도 괜찮다. 어떤 경우라도 소개 후에는 경과를 파악해야 한다. 소개한 채로 방치해 두면 생각지도 않았던 문제로 발전하는 경우가 있다. 그렇게 되면 소개한 사람까지 휘말릴 가능성이 있기 때문에 주의해야 한다.

명함을 이용한 소개장

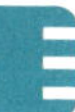

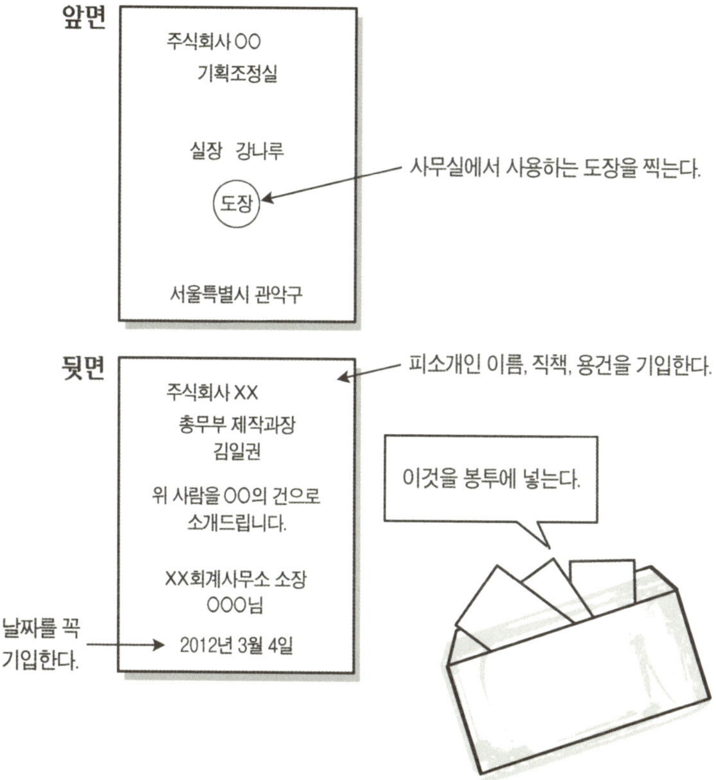

앞면
주식회사 OO
기획조정실
실장 강나루
도장
서울특별시 관악구
사무실에서 사용하는 도장을 찍는다.
뒷면
주식회사 XX
총무부 제작과장
김일권
위 사람을 OO의 건으로
소개드립니다.
XX회계사무소 소장
OOO님
2012년 3월 4일
날짜를 꼭
기입한다.
피소개인 이름, 직책, 용건을 기입한다.
이것을 봉투에 넣는다.

POINT!

소개한다는 것은 소개하는 사람에 대해서 책임을 진다는 것이다.
소개할 때는 신중에 신중을 거듭해야 한다.

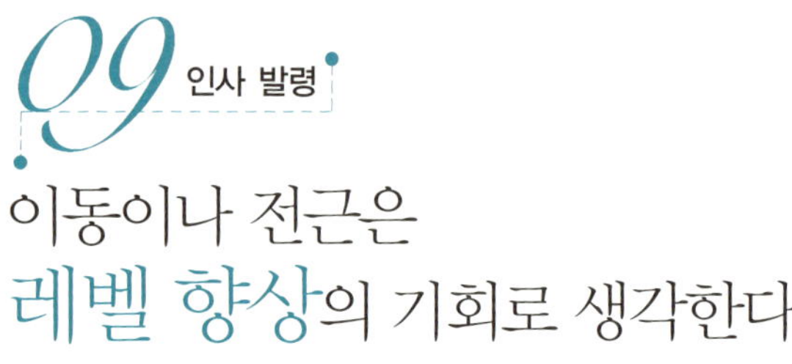

이동이나 전근은
레벨 향상의 기회로 생각한다

이동을 긍정적으로 받아들이고 최선을 다한다

샐러리맨의 숙명이라고 할 수 있는 것이 이동이나 전근이다. 회사의 규모나 직종에 따라서 빈번하게 이루어지는 곳도 많지만 몇 번이고 경험해도 불안감이 따라다닌다. 사원을 부서간으로 이동시키거나 전근시키는 것은 다음과 같은 목적 때문이다.

❶ 지점이나 출장소 등의 신설 또는 폐쇄

❷ 인원 보충 또는 감원

❸ 인원의 육성과 새로운 능력 개발

❹ 매너리즘 타파

❺ 파벌주의 타파와 부서간의 협력 체제 강화

❻ 영전이나 좌천 등의 결과

❼ 개인 사정을 고려

회사란 어디까지나 영리를 목적으로 하기 때문에 그 안에서 행해지는 인사 이동은 비정하다고 느낄 수 있다.

승진이라면 모를까 개인의 사정을 고려하지도 않은 채 배치될 수도 있다. 하지만 생각을 바꿔서 능력 있는 사람이 되겠다는 신념을 갖기 바란다. 지금까지의 자신을 떨쳐버리고 심기일전해서 열심히 일할 수 있는 좋은 기회라고 생각하자. 새로운 부서에서 새로운 것을 배우는 것도 매력이라고 생각하면 된다. 긍정적인 사고思考는 틀림없이 좋은 결과를 가져올 것이다.

경력을 쌓는 것은 꼭 필요하다

A씨는 ○○상사의 보석 수입 관련 업무를 담당한 지 3년이 되었다. 학생 시절 영국 유학 경험도 있고 이런 능력 때문에 세계 곳곳을 돌아다니며 다이아몬드를 수입해서 국내에 판매하는 것이 그의 일이다. 하면 할수록 재미있어서 감정사 자격증까지 취득했다. 그러나 경제 불황이 계속되면서 회사는 보석 사업 부문을 접고 말았다. 쇼크였다. '지금까지 공부한 것이 물거품이란 말인가' 하며 고민하던 그에게 라이벌 회사에서 스카웃 제의가 들어왔다. 독립도 생각했다.

고민한 결과 지금의 회사에 남기로 결정했다. 그 이유는 보석 업계를 읽고 있던 그만의 판단 때문이었다. '현재 회사에 남아 있으면 기회는 다시 온다. 지금까지의 경력이 물거품은 아니다'라는 생각 때문이었다. 일단 총무과에 배치되었지만 곧 다시 재배치되어 지금은 펄프 수입 업무를 맡고 있다. 어학이나 수입에 관한 지식을 다시 활용하며 활발하게 활동하고 있다.

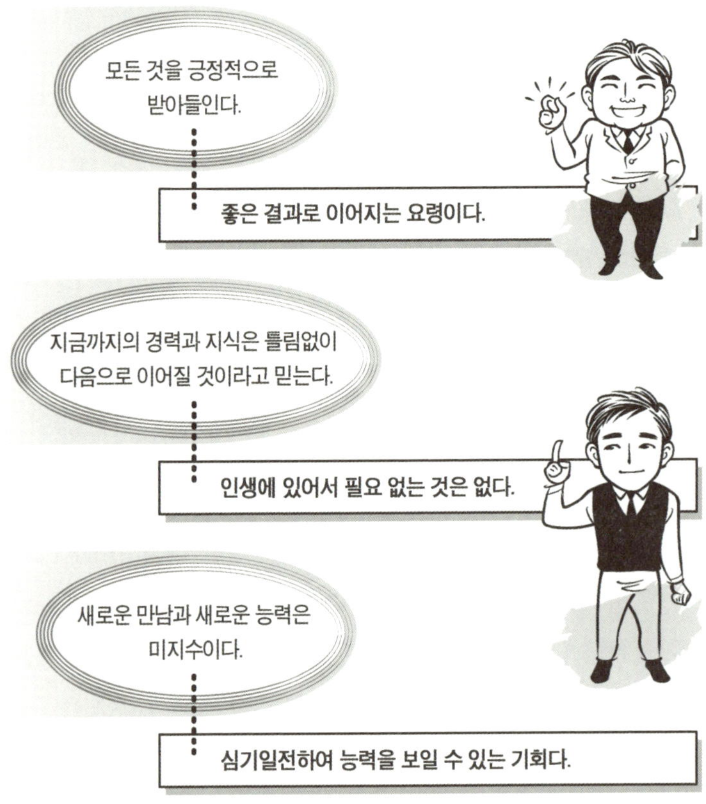
모든 것을 긍정적으로 받아들인다.
좋은 결과로 이어지는 요령이다.
지금까지의 경력과 지식은 틀림없이 다음으로 이어질 것이라고 믿는다.
인생에 있어서 필요 없는 것은 없다.
새로운 만남과 새로운 능력은 미지수이다.
심기일전하여 능력을 보일 수 있는 기회다.
POINT!
이동이나 전근은 자기 능력을 향상시키는 기회이다.
긍정적으로 생각하고 새로운 직장 환경에 임하길 바란다.

회사를 그만 두고 싶을 때는 철저한 자기 분석을 해서 타개책을 찾아야 한다

그만두고 싶은 이유

3일, 3개월, 3년이라는 말을 잘 알고 있을 것이다. 사람의 바이오 리듬은 항상 순조롭지만은 않다. 자신이 결정해서 들어간 회사지만 그만 두고 싶다고 느낄 때가 온다.

앞에서 나열한 날짜는 3일을 참으면 3개월을 참을 수 있고 3개월을 참으면 3년을 참을 수 있다는 뜻이다. 그만두고 싶을 때는 일단 냉정하게 이유를 분석해야 한다.

- **인간관계** – 상사나 동료와 사이가 안 좋다.
- **업무 내용** – 업무의 내용이 자신과 맞지 않고 하고 싶은 생각이 없다.
- **대우의 불만** – 월급, 휴일, 업무 시간에 불만이 있다.
- 회사의 경영 상태가 안 좋고 언제 부도가 날지 불안하다.
- 따로 자신이 하고 싶은 일을 찾았다.
- 회사를 차리고 싶다.

대강 나열하면 이런 이유들일 것이다. 이유가 판별되면 타개책을 찾아본다.

앞에서 나열한 업무 내용과 인간관계의 불만은 참을 수 없는 것일까? 비즈니스의 세계는 배치를 바꾸거나 인사 이동을 밥먹듯 하는 곳이다. 현재가 전부가 아니기 때문에 충분히 개선될 가능성이 있다.

또한 기회가 있다면 자신은 영업이 하고 싶다든지 투자 부문으로 가고 싶다 등을 상사에게 말해 두는 것도 중요하다. 열의와 노력이 전해지면 꿈은 이루어진다. 대우에 대한 불만은 입사 전부터 납득하고 들어온 것일 것이다. 월급은 승진하면 오른다. 전력을 다해서 일하고 있는지 가끔 겸허하게 반성하자. 그만두는 것은 쉽다.

샐러리맨을 그만두는 것과 창업은 10년 후를 보고 계획을 세운다

평생 직장이라는 개념은 이제 거의 소용없는 단어가 되었다. 정년 퇴임까지 일하는 것이 미덕이라는 시대는 지나고 연공 서열 제도도 무너지고 있다. 그와 반대로 힘있는 자는 계속 전직을 하거나 독립하는 경향이 강해지고 있다. 자신은 어떤 삶을 살고 싶은가에 따라 어떤 직업을 선택할 것인가를 여러 번 생각해 봐야 한다. 달콤한 이야기에 현혹되지 말아야 한다.

창업을 위한 세미나나 소호SOHO 등의 네트워크도 활발하게 전개되고 있다. 자신이 하고 싶은 일에는 어떤 준비가 필요한가, 자금은 있는가, 장래성은 어떤가 등을 철저히 검토해야 한다. 5년 후, 10년 후를 바라보고 계획을 세우고 신중하게 실행해야 한다.

냉정하게 이유를 분석하자

상사가 싫다.

배치를 바꿔서 한꺼번에 해결해 보자.

일이 재미없다.

창업을 하고 싶다.
전직하고 싶다.

일이 나와는 안 맞는 것 같다면 준비에 만전을 기하고 정리가 되면 GO!

자신의 노력이 모자라는 것은 아닌지 분석해 보자.

다시 한 번 기분을 쇄신하고 노력하자.

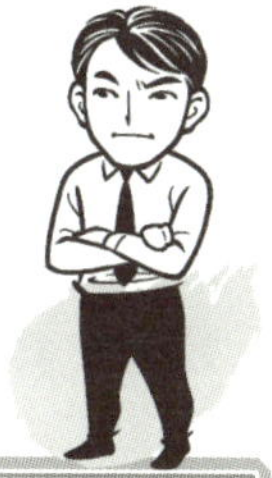

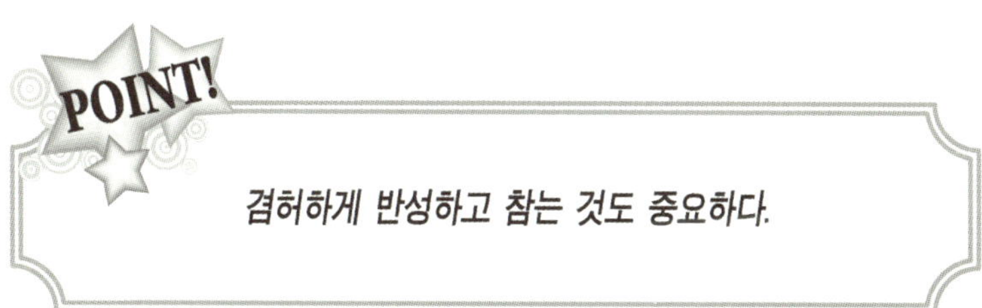

POINT!

겸허하게 반성하고 참는 것도 중요하다.

퇴사할 때의 매너

중도에 회사를 그만둘 때

회사를 그만둘 경우에는 사직서를 제출한 후 일정 기간이 지나면 자동적으로 회사를 그만두게 된다. 그러나 실제로는 업무 인수 등의 경우도 있기 때문에 1개월 정도 전에는 미리 알리는 것이 상식이다.

상사로부터 반드시 퇴직 이유를 질문 받을 것이지만 회사나 상사에 대한 불만을 이유로 대지 말아야 한다. 결심을 한 뒤에 말을 해 봤자 얻는 것은 아무 것도 없다. 만약 퇴직의 이유가 거기에 있다 하더라도 '좀 더 어학을 살릴 수 있는 직장에서 일하고 싶기 때문에', '독립을 하고 싶어서' 등과 같은 긍정적인 이유로 설명한다. 남아 주길 바라는 경우도 있겠지만 거절하는 것이 원칙이다.

또한 사직서를 제출할 때까지는 매정하다는 얘기를 들을 각오를 하고 친한 동료에게도 밝히지 않는 것이 좋다.

사직서가 정식으로 수리될 때까지는 평소처럼 업무에 종사한다. '어차피 그만둘 테니까……' 라고 소홀히 하지 말고 후회 없이 최선을 다해 일해야 한다.

만약 재취직 자리나 앞으로의 계획이 정해져 있는 경우에는 정식으로 얘기해 두는 것이 좋다. 그래도 인연이 있어 같은 직장에서 함께 일해온 만큼 어설프게 감추다가 나중에 알려지면 난처한 입장에 빠지게 된다.

소정의 수속을 밟고 사직서를 쓴다

사직서는 뒷장의 서식(회사 소정의 용지가 있다면 그것을 이용한다)으로 대표이사 앞으로 쓴다.

사직 이유는 일신상의 이유라고 해도 괜찮다. 실제로는 업무상의 과실 책임을 물어 퇴직을 하는 경우라도, 라이벌 회사로 스카웃되어 가는 경우라도 일절 그런 사정은 적지 않는다. **사직서는 인사과나 총무과에 영구 보존되어 불리하게 이용될 수도 있으니 주의해야 한다.**

또한 여성 사원의 경우에는 '결혼 때문에', '부친 간병 때문에' 등 구체적인 이유를 적는 일도 있다.

사직서가 수리된 후에는 상사의 지시에 따라 업무를 인수인계한다. 새로운 업무를 시작하지 말고 신속하고 정확하게 주변 정리를 한다. 송별회를 열어 주는 경우에는 즐겁게 참석하여 신세를 진 사람들에게 인사를 해 둔다.

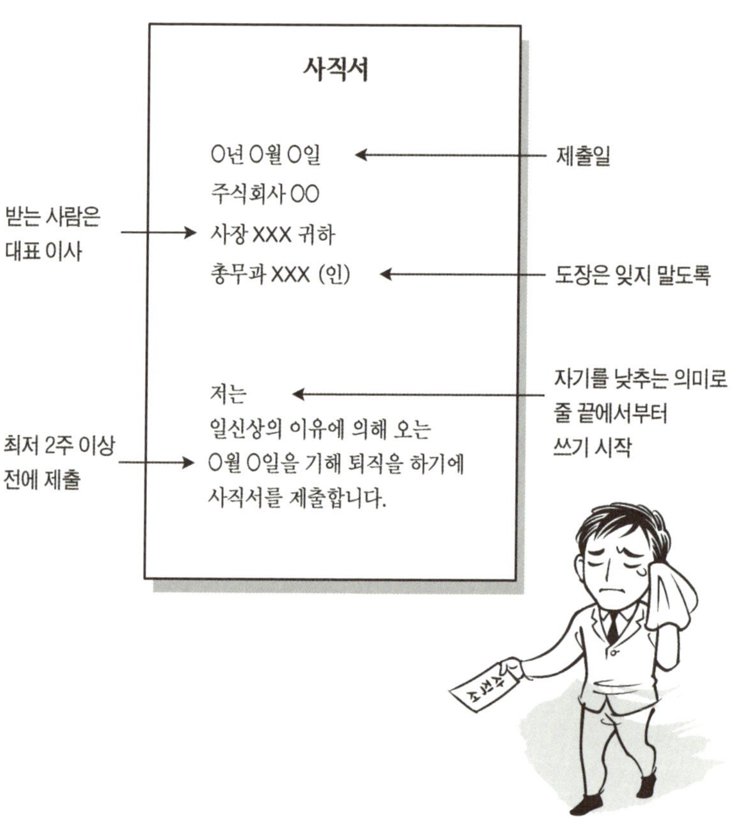

POINT!

사직서는 회사에 영구 보존되는 경우가 많기 때문에
정중하게 쓰자.

12

환영회와 송별회에 참석할 때의
마음가짐

사회 초년생으로 신선한 데뷔를 하자

신입 사원 환영회는 사회인으로써 첫걸음을 기념하는 날이다. 말하자면 사회 초년생으로서 데뷔하기 때문에 분위기 좋은 날이 되길 바라며 마음가짐을 새롭게 한다.

사회 초년생으로서 환영회를 받을 때는 꼭 자기 소개를 하게 되기 때문에 미리 준비를 해 두는 편이 좋다. 이름, 출신지, 취미, 일에 대한 마음가짐 등을 차근차근 정리해 둔다.

회사 규모에 따라 다르지만 모든 사원이 같이 하는 경우와 부서별로 하는 경우가 있다. 어쨌든 앞으로 신세질 선배들에게 "앞으로 최선을 다해서 일하겠습니다. 많은 지도와 편달 부탁드립니다. 잘 지도해 주십시오." 라고 마음가짐을 제대로 전달하고 싶을 것이다.

빨리 친해지고 싶다고 술을 너무 많이 마시거나 너무 풀어지는 것은 금물이다. 취해서 동료나 선배에게 폐를 끼치기라도 한다면 "신입 사원인 주제에……" 라는 말을 듣기 십상이다. 장소를 분별해야 한다.

환영회나 환송회에 참가하는 것은 주최자에 대한 예의다

비즈니스맨의 가장 큰 관심사는 인사 이동인데 그런 이동이 있을 때마다 행해지는 것이 환영회와 환송회이다. 대기업에서 이동이 빈번하게 이루어지는 직장에서는 연중 환송회가 있어서 시간적으로나 비용면에서 힘들어하기도 한다.

그러나 자신의 일이라고 생각하면 피치 못할 사정이 없는 한 참석하는 것이 주인공에 대한 예의이다.

환송회는 전근, 중도 퇴사, 결혼 퇴사, 정년 퇴사 등 그 이유에 따라서 분위기가 전혀 다르다. 영전榮轉인 경우도 있고 좌천左遷인 경우도 있을 것이다. 그러나 앞으로의 활약을 기대한다는 기본적인 개념은 같다. 보내는 쪽은 마지막이라는 느낌보다는 새로운 출발을 기원하는 밝은 분위기로 임해야 한다. 동료라면 환송회라는 느낌보다는 즐기는 회식과 같은 분위기로 열어도 좋을 듯 싶다.

받는 쪽은 좌천의 경우 너무 침체되지 말고, 영전의 경우 너무 잘난 척하지 말고 즐기면 된다. **참석자 전원이 좋은 모임이었다고 느낄 수 있게** 만들어야 한다.

지금까지 함께 일한 것들, 환송회를 열어 준 것에 감사하고 앞으로의 포부나 "회사를 그만두더라도 잘 부탁한다."는 한마디 말을 덧붙이며 끝내는 것이 중요하다.

문서 작성과 전화 테크닉

문서 작성의 기본을 익힌다

자필과 워드프로세서의 사용에 따른 주의 사항

현재 문서 작성은 어느 회사에서나 워드프로세서가 일반화되어 있다. 통지서와 같은 각종 형식적인 문서는 워드프로세서로 작성하는 편이 보기 쉽고 깨끗하다.

하지만 비즈니스의 경우 문안 편지, 고마움을 나타내는 편지, 사과문 등의 사교적인 문서는 자필이 좋다. 역시 자필 문서에는 마음이 들어 있기 때문이다. 아무리 못쓰는 악필이라 해도 자필로 작성해야 한다. 워드프로세서의 문서가 깨끗하지만 받는 사람은 딱딱한 느낌을 지울 수 없을 것이다.

자필로 쓸 때의 포인트는 '정중하게 쓸 것'이다. 달필이 아니더라도 좋다. 한 자, 한 자를 정중하게 상하 좌우의 밸런스를 생각하면서 쓴다. 문자의 크기도 맞춰야 한다. 용지의 위아래와 좌우가 너무 비지 않도록 주의한다. 자기만의 글씨체로 정확하게 상대방에게 의사가 전달 되도록 쓴다.

다 쓰고 난 후에는 꼭 다시 읽어보자. 오자나 탈자는 없는지, 맞춤법은 올바른지 확인한다.

또한 숫자나 금액, 날짜는 중요한 것들이 대부분이다. 틀리면 큰일이 날 수도 있다. 신경질적일 정도로 주의하자. 상사에게 확인을 부탁하는 것도 좋다.

존칭어 사용법이 포인트

비즈니스 문서는 사내 문서와 사외 문서로 나뉘는데 사내 문서는 사외 문서에 비해서 그렇게까지 존칭어를 쓰지 않아도 된다. 따라서 존칭어를 최소화시킨다. 이것은 부하 직원이 상사에게 보내는 문서에서도 마찬가지이다. 문체는 '이다' 를 사용하고 '입니다' 는 사용하지 않는다.

한편 사외 문서는 정중하게 존칭어를 올바르게 사용하는 것이 포인트이다. '부탁합니다' 는 '부탁드립니다' 또는 '부탁의 말씀을 드립니다' 로 표현한다. 존칭어를 적절하게 사용하는 것은 꽤 어렵다. 언제나 주의를 기울이며 사용하자.

단지 너무 딱딱한 표현은 필요 없다. 또한 사내 문서나 사외 문서에 '입니다, 아닙니다' 와 '이다, 아니다' 를 같은 문서 안에서 함께 사용하는 것은 피하도록 하자.

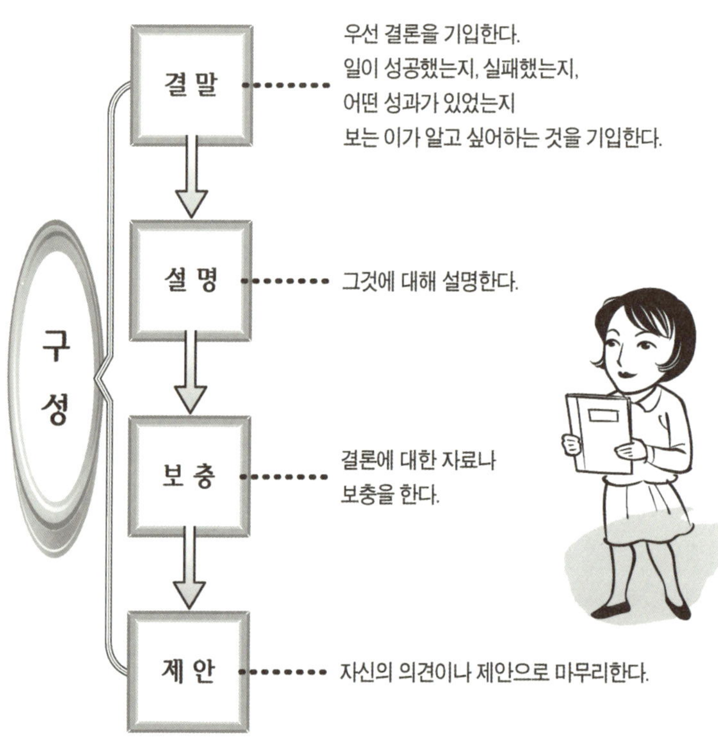

POINT!

워드프로세서 문서와 자필 문서를 용도에 따라 분별해서
사용하는 것이 디지털 사회에서 성공하는 길이다.

사내 문서의 작성법

사내 문서는 간단 명료하게

보통 사내 문서는 장부나 전표처럼 처음부터 형식이 인쇄된 용지에 작성하는 경우가 많다. 기입란이 설정되어 있어서 필요사항만 기입하도록 되어 있다.

종류에 따라서는 내부에서 사용하기 위한 통지, 회람, 조회, 회답, 의뢰, 협의, 합의 문서 등이 있다. 또한 상사가 부하 직원에게, 부하 직원이 상사에게 전달하는 문서로 제안서, 기획서, 보고서, 원서, 통지서, 지시서 등이 있다.

기입의 포인트는 용건을 정확하게 전달하는 것으로 **문장은 되도록 짧게 정리하고 5W2H에 따라서 제대로 기입하는 것**이 필수 조건이다. 쓰는 사람도 보는 사람도 사내 사람이기 때문에 인사는 필요 없다.

용건은 용지 하나에 하나씩 쓰는 것을 원칙으로 한다. 두 개 이상을 쓰면 회답이 혼란스러워질 우려가 있기 때문이다. 또한 날짜는 반드시 요일을 기입해야 한다.

시간은 종료 시간을 적어야 이후의 예정을 세울 수 있다. 보는 사람이 편하기 때문에 이러한 배려는 잊지 말도록 한다.

보고서는 읽는 이의 목적에 맞추어서 쓴다

보고서는 사내 문서 중에서도 가장 많이 쓰이고 가장 중요한 문서이다. 비즈니스맨으로서의 능력을 평가받을 가능성도 있기 때문에 정확한 보고서를 작성하도록 준비해야 한다.

보고서의 종류로는 보통의 업무보고(출장, 세미나, 회의록, 주보, 월보 등), 일의 경과나 성과보고(조사, 연구 결과, 판매, 기획 결과, 계획, 실시 등), 경영 방침, 돌발사고의 보고 등이 있다.

요점은 일단 누가 무엇을 위해 사용하는가 라는 보고의 목적을 정리한다. 제목, 날짜, 보고자명을 정확하게 적는다. 될 수 있는 한 조목조목 기입하고 깨끗하게 마무리한다. 정확한 정보를 전달하기 위해서 필요하다면 표나 그래프로 알기 쉽게 작성한다.

또한 사실과 감상, 의견은 명확하게 분리해서 쓰는 것이 중요하다. 실제로 보고서를 받는 상사나 관리자는 천천히 읽을 시간이 없는 경우가 많다. 감상이나 의견 등이라도 될 수 있는 한 간결하게 쓸 필요가 있다. 최근에는 워드프로세서 안에 샘플 문서나 문서 양식이 많이 들어 있다. 그것을 제대로 활용해서 언제라도 사용할 수 있는 상태로 만들어두는 것도 좋은 방법 중 하나이다.

① 문서 번호
② 작성 날짜
③ 작성자 이름

④ 보는 이의 이름
⑤ 내용명
⑥ 주문

⑦ 기입

⑧ 참고 서류

이상

① 부서마다 정해진 번호가 있다(예를 들면, 총무과 23호 등).
② 연도부터 기입한다.
③ 원칙적으로는 직급과 이름을 기입한다.
④ 직급만으로도 상관없다.
⑤ 구체적으로 내용의 제목을 붙이는 것이 알기 쉽다.
⑥ 용건만 간결하게 5W2H를 지켜서 기입한다.
⑦ 별도의 기입 사항이 있다면 항목별로 기입한다.
⑧ 서류명과 부서를 기입한다.

POINT!

보고서는 무엇을 위한 보고인지 5W2H를 지키면서
정확하게 작성한다.

반드시 통과하는 기획서 작성법

일단 제목으로 눈길을 끌게 한다

아이디어나 지혜를 짜내서 작성한 기획서를 통과시키는 과정 중에는 사실 기획서의 작성 방법이 문제가 된다. 물론 기획이 채용될지 안 될지는 내용상의 문제인데 보는 사람이 흥미를 가지고 읽게 하기 위해서는 눈에 띄는 기획서를 작성해야 한다.

일단 독창적인 제목으로 승부를 걸자. 일은 시작이 중요하다. 기획의 내용이 한눈에 들어오고 센스가 뛰어난 제목은 '음, 재미있겠는데', '어라?' 라고 흥미를 끌면서 보는 사람의 관심을 자극한다.

단, 흥미 위주나 장난 섞인 기획서 제목은 의미가 없다. 적어도 충실한 기획 내용이 우선 필요하다.

수용되기 쉬운 기획서 포인트

기획서에 필요한 포인트는 다음과 같다.

❶ 기획의 목적이나 대상을 명확하게

간단명료하게 누가 읽어도 이해할 수 있도록 기획의 목적, 목표, 컨셉을 정리한다. 질질 끌면서 길게 설명하지 말자.

❷ 예산과 수익 관계의 숫자를 제시

항목별로 열거한다. 무엇이 어느 정도 필요한지에 대한 소요 비용 계산은 중요한 항목이다. 게다가 시장 데이터나 과거의 실적 등을 표시하고 어느 정도의 수익을 예상할 수 있는지는 상사나 클라이언트가 가장 알고 싶어하는 점이다. 비즈니스상에서 기획을 실행에 옮길 것인지 어떻게 할 것인지의 중요한 판단 재료이다.

❸ 스케줄을 기록

소요 일수나 실시 예정일을 기입한다.

❹ 보여주는 기획서를 작성

문자는 여러 가지의 크기와 종류가 있고 레이아웃에 따라 느낌도 많이 다르다. 그래프나 사진, 일러스트 등을 활용해서 알기 쉽게 작성한다.

❺ 기획서의 개성을 어필

자신만의 아이디어나 장점을 자신 있게 논리적으로 서술한다.
절대로 '～일지도 모른다' 라든지 '～같이 생각한다' 라는 약한 모습을 보여서는 안 된다.

기획서 작성 포인트

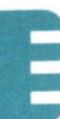

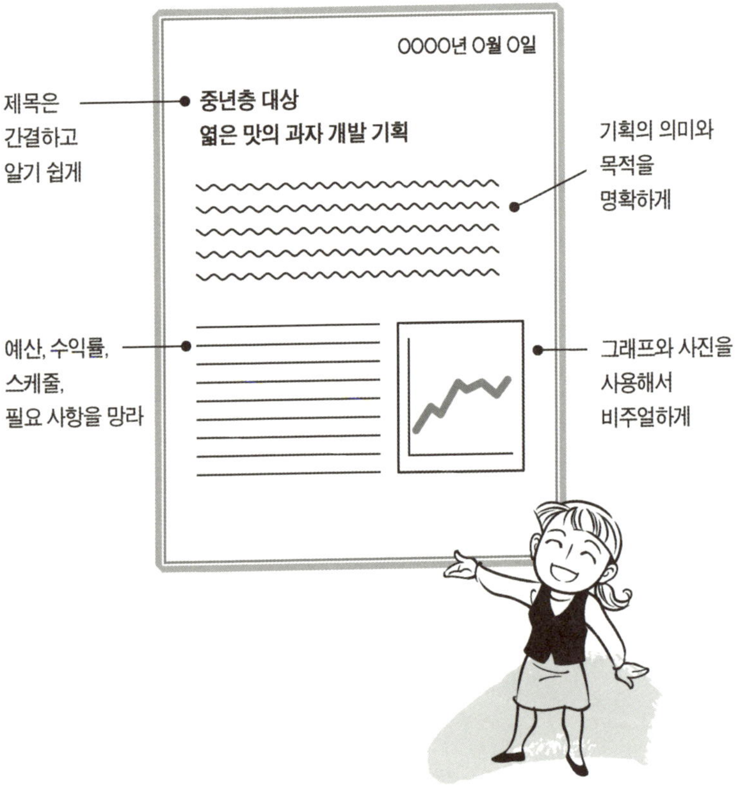

POINT!

기획서는 시작이 중요하다. 일단 보는 사람이 기획 내용에 관심을 갖도록 유도해야 한다.

문서의 정정 방법

장부의 숫자 정정訂正에 대한 기본을 마스터한다

장부의 숫자 정정에는 기본적인 규칙이 있다. 잘못된 숫자 전체는 횡선을 두 줄 그어서 지우고 상부 여백에 정확한 숫자를 기입한다. 정정선의 오른쪽에 정정자의 정정인을 찍는다. 틀렸던 숫자가 안 보이면 안 되기 때문에 숫자 전체를 지우거나, X표시를 하거나, 수정액으로 지우면 안 된다.

그리고 숫자의 일부만을 지우거나 정정해서도 안 된다.

정정선과 숫자는 같은 색의 필기도구를 사용한다. 원래 문자가 파랑색이나 검정색인데 빨강색으로 정정해서는 안 된다.

또한 행行 전체를 정정할 때는 1행 전부에 정정선을 긋고 정정선의 양쪽에 정정인을 찍는다.

정정인을 정정선의 중앙에 찍는 것은 좋지 않다.

한 번 정정한 것을 다시 정정할 때에도 같은 방법으로 되풀이한다.

계약서, 어음, 수표의 정정은 신중하게 한다

계약서, 어음, 수표 등의 공적인 문서는 정식 정정 방식으로 정정하지 않으면 문제가 발생할 수 있다.

특히 금액의 정정은 주의해야 한다. 물론 금액의 정정訂正은 법률상으로 인정은 되지만 어음이나 수표의 금액란에 정정한 흔적이 있으면 은행에서는 인정해 주지 않는다. 이런 경우 새롭게 작성하지 않으면 안 된다.

일반적으로 계약서나 숫자의 정정은 정정할 곳에 정정선을 두 줄 그어서 지운다. 마찬가지로 전에 쓴 문자나 숫자가 식별되도록 해 두는 것이 포인트이다.

정정하고 싶은 문자는 그 행과 전 행의 여백에 기입한다. 또한 윗부분의 빈곳에 지운 문자와 덧붙인 문자에 '삭제, 수정' 이라고 쓰고 담당자 쌍방이 계약서에 도장을 찍는다. 지운 숫자나 글자가 같을 경우에는 '정정' 이라고 적어도 좋다.

그리고 계약서 등을 작성할 때 정정이 있을 것이라고 처음부터 생각해서 여백에 도장을 찍어두는 경우가 있는데 일을 빠르게 진행시키는 것은 좋지만 나중에 문제가 발생할 수 있기 때문에 그렇게 하지 않는 것이 좋다.

8690
~~5670~~ 인

	350	450	550	
	~~350~~	~~450~~	~~600~~	인
	450	550	650	

좋지 않은 예

8
~~5690~~ 인
8690
~~5690~~ 인
8690
~~690~~ 인

숫자의 일부만을 지우거나 X 표시로 고치면 안 된다.

계약서의 문자 정정

대차(貸借)
임(賃) 쾌약의 기간은
인 삭제
인 수정

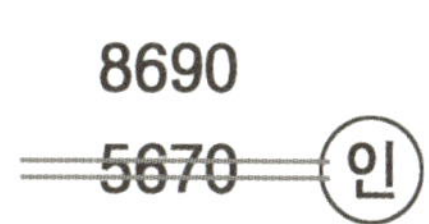

계약서, 어음, 수표에서의 정정으로 문제가
발생하기 쉽기 때문에 주의한다.

사외 문서의 작성법

사외 문서는 형식에 따라 작성한다

사외 문서는 거래처와의 커뮤니케이션을 위한 중요한 문서이다. 구두口頭 약속이나 계약만으로는 정확성이 떨어지기 때문에 모두 서면으로 명확하게 기록해서 보관하는 것이 보편적이다.

업무용 문서로는 통지서, 안내장, 의뢰서, 조회서, 회답서, 주문서 등을 들 수 있다. 그밖에 사교 문서로는 인사장, 축전, 초대장, 소개장 등이 있다.

일반적으로 작성 포인트는 다음과 같다.

❶ 정중한 문체를 쓴다.

❷ 인사말을 쓴다(긴급시는 제외). 근황, 안부, 감사의 인사가 포함된다.

　　예) 안녕하십니까. 귀사의 무궁한 발전을 기원합니다.

❸ 어두와 결말부분에도 인사말을 꼭 적어서 넣는다.

❹ 본문은 요령 있게 구체적으로 표현한다.

❺ 수신자명과 발신자명에 회사명, 직함, 이름을 쓴다.

❻ 보통 발신자명 뒤에 도장을 찍는다.

❼ 날짜를 꼭 기입한다.

일단 익숙해지는 길 밖에 없다

문장을 쓰는 것이 익숙하지 않은 사람이 많을 것이다. 하지만 사외 문서에 대해서는 걱정할 필요가 없다. 대개 정해진 규칙이 있기 때문이다. 개인적인 편지처럼 미사여구美辭麗句를 적거나 감정을 넣을 필요가 없다. 예문例文이 적혀 있는 책을 보고 자신이 쓰려는 문서를 골라서 맞게 고치면 된다. 견본을 보면서 쓰는 동안 자연스럽게 익숙해질 것이다.

비즈니스 문서의 목적은 어디까지나 용건을 정확하게 상대방에게 전달하는 것이다. 그리고 빠르게 문서를 끝내고 시간에 맞춰서 보내는 것이 중요하다.

회사, 부서 → 귀중
○○건설주식회사 총무부 귀중

직명 → 님
경리부장님

성함과 함께 직책을 쓸 때
XXX 전무님
XXX 총무부장님

성함 → 귀하
인사과 김하늘 귀하

POINT!

사외 문서는 격식이 많다.
어쨌든 고민하기보다는 일단 쓰자.

06 자주 사용하는 서류의 작성법을 마스터한다

견적서 · 납품서 · 청구서

거래상 가장 빈번하게 오고가는 서류가 이 세 가지이다. 견적서는 상품을 주문 생산하거나 가격에 변동이 있는 경우 거래 조건(특히 금액)을 제시하고 작성한다. 지불 조건, 상품 납기, 운반비 부담 등을 명확하게 기입하고 클라이언트는 이 견적서를 몇 군데에서 모아 가격을 검토한다.

견적서로 일의 계약이 결정된다고 해도 과언이 아니기 때문에 많이 중요하다. 내용은 나중에 증빙 자료가 되기 때문에 **필요 사항이 빠지지 않도록 하고 클라이언트의 요구에 맞춰서** 어필할 수 있도록 작성한다.

납품서는 상품이 확실하게 납품되었는지를 증명하는 자료이다. 청구서는 상품의 대금을 청구하는 증빙 서류이다. 일이 종료된 단계에서 통상 경리 담당자가 처리한다. 그렇기 때문에 주의를 기울여서 기입해야 한다. 영수증도 받아서 보관해 둔다.

영수증은 내용을 확인한 후 받는 것이 중요하다

액수를 확인하지 않고 영수증을 받으면 나중에 문제가 생길 수 있다. 수령의 사실을 증거로 남기기 위해서 다음 다섯 가지 항목을 체크하고 받는 것이 필요하다.

❶ 수령 금액
❷ 수령했다는 문서
❸ 날짜
❹ 수령자의 주소와 날인
❺ 이름

영수증에 빠진 항목이 있다면 그 자리에서 기입해 달라고 한다. 또한 오자誤字나 틀린 것은 반드시 수정한다. 또한 'OO의 대금으로 수령했습니다' 라고 써서 무슨 대금이었는지 알 수 있도록 써두는 것도 좋다.

금액에 따라 수입 인지를 붙이고 날인捺印이 필요하다. 수입 인지가 없는 경우에는 세무서에서 영수증 작성자에게 벌금을 부과하게 되어 있기 때문에 주의해야 한다.

또한 가끔 영수증 수취인이 빈칸으로 남겨져 있는 것을 볼 수 있는데 증거력이 약하다는 것을 기억해 두자. **자사自社의 이름으로 써 달라고 하는 것**이 좋다. 그리고 발행자의 주소, 회사명이 손으로 쓰여진 것보다는 인쇄해서 도장이 찍혀 있는 것이 정식 문서에 가깝다.

대금을 수령할 때 상대방이 영수증을 안 주면 대금을 거부할 수도 있다.

★ 경비로 인정받을 수 있는 것

숙박비
식비
택시비
선물
비행기 요금

영수증을 받는다.

전철비
버스비
전화비

영수증이 없기 때문에 종이에 적어 놓고 나중에 출금전표 등으로 요청한다.

POINT!

출장 경비를 속이고 관광 기분을 내는 것은 절대 금물이다.
상사는 항상 체크하고 있기 때문에 양식있는 행동을 해야 한다.

07 기타 문서

사교 문서와 의례儀禮 문서의 작성법

예를 다해서 마음을 전달한다

비즈니스맨은 사교 문서와 의례적인 문서를 쓸 기회가 의외로 많다. 인사 이동이나 전근 명령을 받았을 때나 거래처에 각별하게 신세를 졌을 때 써야 한다. 회사나 개인적인 인사장, 재해나 병 등으로 인한 안부 편지가 이것이다. 평소에 대화를 완만하게 나누기 위해서도 마음이 담긴 사교 문서와 의례儀禮 문서를 익히자.

컴퓨터보다는 손으로 쓰는 편이 좋다. 전근이나 퇴직 등 많은 사람에게 알려야 할 때는 인쇄를 사용하지만 여유가 있다면 자필로 한마디씩 덧붙이는 것도 좋다. 그런 마음 씀씀이가 전달되어 상대방은 당신을 다시 보게 될 것이다.

S상사의 이사를 맡고 있는 A씨는 직책상 많은 사람과 만나는데 구정에 선물이 들어오는 경우가 많다. 때문에 그는 바로 감사의 답장을 보낼 수 있도록 부하 직원에게 시켜서 컴퓨터로 인사의 편지를 인쇄해 둔다. '이렇게 감사한 ○○○○를 보내 주셔서 대단히……' 라는 문장에 빈칸을 남겨 두고 품명을 써넣는다. 우스운 얘기지만 실화이다.

이런 인사 엽서는 '정말 많이 기다렸습니다' 라는 느낌이 들게 해서 인사 엽서를 받는 쪽의 기분을 상하게 할 수 있다. 인사 엽서는 보내는 데 의미가 있는 것이 아니다.

사교 문서는 타이밍을 놓쳐서는 안 된다

인사장 등의 사교 문서는 보내는 타이밍이 중요하다. 타이밍을 놓치면 본래의 목적을 잃을 뿐더러 보내는 쪽의 성의를 의심하게 된다. 기쁜 일은 빨리 전할수록 더 기쁘다.

돌발적으로 벌어진 사정에 대해서는 정보를 입수하는 대로 바로 편지를 보내자. 정보를 늦게 얻었다면 '제가 출장 중이어서……' 라든지 '오늘 처음 사실을 접하고……' 등으로 이유를 설명하는 것이 좋다. '늦었는데 이제 보내 봤자' 등으로 단념하면 안 된다.

인사장이나 감사장은 마음을 전하는 것이다. 평이한 말이나 너무 어려운 문장이 아닌 자신에게 어울리는 표현을 하도록 한다.

꽃샘 추위가 기승인 요즘 건강은 어떠신지요.

저는 이번에 전 지점장 A씨의 후임으로 부임해서

이곳에 뿌리를 내리게 되었습니다.

아직 이곳이 익숙하지 못한 몸입니다만

많은 지도와 편달 부탁드립니다.

여운의 메시지 → 가정에 행복이 깃들길 바라며

2012년 3월 15일

서울시 관악구 신림본동
XX은행
신림 지점장 XXX

엽서는 지면상의 여유가 없기 때문에
간결하게 끝을 맺는다.

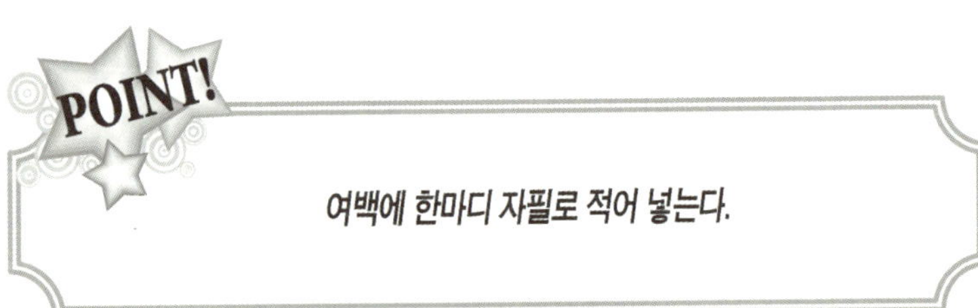

전화의 대응법

전화 대응의 세 가지 포인트

사회인으로서 일단 마스터하지 않으면 안 되는 것이 전화를 받는 예절이다. 전화는 비즈니스에 있어서 불가결한 것으로 회사의 얼굴이 되기도 한다. 개인적으로 친구와 전화하는 것은 별개의 것이지만 일터에서는 전화를 할 때도 지켜야 할 예의가 있다. 이런 것부터 제대로 해야 비로소 한 사람 몫을 할 수 있다. 기본을 익히고 경험을 쌓아야 한다. 포인트는 다음 세 가지이다.

❶ 등을 펴고 곧은 자세로

어느 때나 누구에게나 성실한 태도로 대응하는 것이 기본이다. 딴 짓을 하면서 전화를 받거나 턱을 손으로 받치면서 전화를 받는 것은 목소리의 톤으로 상대방이 느낄 수 있다.

❷ 밝고 시원시원하게

전화의 대응에는 당신의 성격이 나타난다. 빠른 말투나 중얼거리는 것은 좋은 인상을 줄 수 없다. 차근차근한 어조로 상대가 알기 쉽게 말하는 것이 중요하다.

❸ 메모는 필수

수화기를 놓자마자 용건을 잊어버리는 경우가 많다. 금액이나 일정이 불분명하면 안 된다. 틀림없이 메모하는 습관을 몸에 익히도록 한다.

전화는 어디까지나 전달의 보조 수단이다

A씨는 인쇄소의 영업 사원이다. 새로운 고객의 광고 전단 견적 의뢰를 받았다. 바로 상사와 상의하고 전화로 고객에게 비용을 전했다. 그러나 고객은 그 후에 연락이 없었다. 그래서 일주일 후에 다시 연락해 보았다. 그러자 벌써 다른 회사에 발주를 했다고 한다.

그것을 상사에게 보고한 A씨에게 많은 질책이 쏟아졌다.

"어째서 바로 방문해서 상세한 내용을 여쭙고 다시 견적을 가지고 가지 않았어. 전화로 일을 끝내려고 하니까 당연히 다른 회사에 일을 뺏기지!"

이 사례에서 알 수 있는 것은 어디까지나 **전화는 커뮤니케이션의 보조 수단**이라는 것이다. 중요한 용건을 전화만으로 끝내려는 것은 있을 수 없다.

일의 기본은 대면이다. 직접 대면해서 정식 계약서를 교환해야 한다. 전화로는 한계가 있다. 전화는 편리하지만 사용을 잘못하면 오히려 비효율적인 것이 된다는 것을 기억해야 한다.

1. 허리를 펴고 조금 높은 톤으로 말한다.

2. "여보세요~"는 무의미한 말이다. 연발하지 말자.

3. 맞장구를 치면서 신중하게 대응한다.

4. 시작과 끝 인사는 확실하게 한다.

POINT!

모습이 안 보여도 의자를 돌리면서 대응하는 등의
불성실한 태도는 틀림없이 상대방에게 전해진다. 주의하자.

전화를 걸 때의 예절

신속, 정중, 정확, 간결을 원칙으로

전화는 갑자기 상대방의 일을 중단시키는 침입자임을 염두에 두어야 한다. 다음은 전화를 거는 법에 대한 포인트를 정리한 것이다.

❶ 상대방의 전화번호, 회사명, 소속, 이름, 직책을 사전에 메모해 두자.

❷ 용건을 메모해 두고 필요한 서류와 자료는 앞에 준비해 둔다.

❸ 메모할 수 있도록 필기도구를 준비한다.

❹ 상대방이 받으면 회사명과 이름을 밝히고 인사를 한다.

❺ "지금 시간 괜찮으십니까?" 라고 상대방의 상황을 확인한 후 용건으로 들어간다.

❻ 상대방이 부재중일 때는 다시 걸든지 메모를 남긴다.

❼ 용건은 간결하고 정확하게 전달한다.

❽ 중요한 점은 복창해서 확인한다.

❾ "잘 부탁드립니다, 감사합니다." 라고 인사한 후 전화를 끊는다.

❿ 전화는 건 쪽이 끊는 것이 원칙이지만 상대방이 고객이거나 윗사람이라면 정중히 대처한다. "그럼 실례하겠습니다." 라고 말한 후에 약 3초 정도를 기다리고 조용히 수화기를 놓으면 된다.

이른 아침 시간이나 점심시간에는 전화를 피한다

전화를 거는 시간대에도 배려를 해야 한다. 업무 시간이 오전 10시부터 오후 6시까지인 회사에서는 그 시간대에 전화를 걸면 된다. 너무 일찍 전화를 거는 것은 별로 좋지 않다. 아침 조회를 하는 회사도 있기 때문이다. 이런 점을 충분히 고려해서 전화를 거는 것이 좋다.

12시부터 1시까지의 점심시간은 피하는 것이 무난하다. 전화를 받기 위해 한 사람 정도는 있겠지만 제대로 일을 처리하려면 이 시간대는 피한다. 하지만 은행, 서비스업, 상점 등은 관계없다.

업무 시간을 넘긴 경우에는 어떤 상대인지에 따라서 임기응변으로 대처해야 한다. 급한 상황이 발생할 수도 있기 때문에 전화의 자동응답기에 녹음해 두면 다음 날 아침 일찍 연락을 할 수 있다.

전화가
걸려 왔을 때

짧게 용건만을 묻는다.

나중에 다시 건다.

전화를
걸고 싶을 때

점심시간이나 업무가 끝난 후에 자신의
휴대전화로 건다.
휴대전화는 자리에서 나와 복도에서 거는
마음가짐을 갖는다.

POINT!

상사나 동료는 안 보는 듯 보고 있다.
사적인 전화 사용에 충분히 주의하자.

10 전화받기

전화를 받을 때의 예절

전화는 적극적으로 받는 길만이 능숙해지는 지름길이다

다음은 전화를 받을 때의 기본적인 매너를 정리했다.

❶ 벨이 울리면 바로 받는다. "네."가 기본적인 응답이다. 3회 이상 벨이 울리면 "오래 기다리셨습니다." 라고 말한다. 오른손에 펜을 들고 메모할 준비를 한다.

❷ 회사명과 부서명을 밝힌다.

❸ 상대를 확인한다. 상대가 자신을 밝히지 않으면 "죄송합니다만 어디신지요?" 라고 묻는다.

❹ "안녕하세요." 라고 간단한 인사를 한다.

❺ 5W1H(How Much는 제외)에 따라서 정확하게 묻고 메모를 한다.

❻ 용건은 복창해서 확인한다. 회사명, 이름, 숫자, 날짜, 수량, 상대방의 전화 번호 등 이에 해당된다.

❼ 끊을 때 인사를 한다. 내용에 따라서 "잘 부탁드립니다.", "기다리고 있겠습니다." 등으로 마무리한다.

❽ 상대가 끊고 나서 조용히 수화기를 내려놓는다.

기본을 지키고 정중한 대응 방법을 항상 염두에 두자.

부재중인 사람을 대신해서 전화를 받을 때는 임기응변으로

당사자가 부재중인 경우에는 상대방에게 상황을 말한다. 전화를 다시 걸 것인지 이쪽에서 전화를 걸 것인지를 확인한다.

"죄송합니다만 ○○○는 지금 외출했습니다. ○시에는 회사로 들어 올 예정입니다. 들어오면 전화를 드리라고 전해드릴까요?" 라고 물어 보면 된다. 보통 "○○○는 자리에 없습니다." 정도로 대답하는 경우가 많은데 그것은 불친절한 대응이라고 말할 수 있다.

"괜찮으시다면 용건을 제게 말씀하십시오." 라고 말하는 요령도 필요하다. 용건은 정확하게 메모해서 당사자에게 전달한다.

누군가를 지명하지 않고 용건을 말하는 경우도 자주 있다. "○○에 대해서 여쭙고 싶은데요." 등의 경우에는 상대방의 이름을 확인하고 용건에 맞는 담당자에게 전화를 돌려주자 "지금 홍보 담당자에게 전화를 돌려드리겠습니다. 잠시만 기다려 주십시오." 라고 말하고 담당자에게 전화를 바꾸면 된다. 전화를 이 사람, 저 사람에게 함부로 돌리는 것은 상대방에게 불쾌감을 준다.

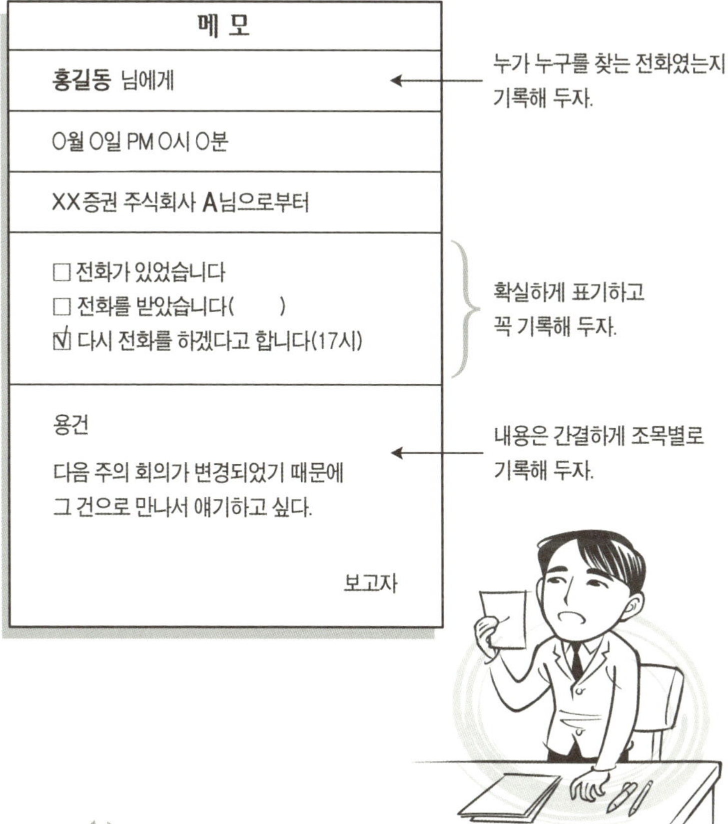

누가 누구를 찾는 전화였는지
기록해 두자.

확실하게 표기하고
꼭 기록해 두자.

내용은 간결하게 조목별로
기록해 두자.

POINT!

메모는 본인이 보았든지 안 보았든지 간에
반드시 구두로 확인하자.

기능적으로 활용한다

팩스는 전화와 함께 유용하게 활용할 수 있다

대부분의 직장에 팩스가 도입되어 사내와 사외의 문서 전달이나 업무 연락 등에 편리하게 활용할 수 있다. 전화로는 숫자나 문자를 제대로 전달하기 힘들기 때문에 눈으로 보고 확인하는 것이 안전하다. 또한 지도나 도면, 일러스트나 이미지를 전달하는 데 매우 편리하다. 정보 전달의 수단으로 사용되는 것도 제외시킬 수 없다.

팩스를 보낼 때는 전화로 알리는 것이 매너이다. 상대방에게 전달된 것을 확인하고 보충 자료나 불명확한 점이 있다면 팩스를 보면서 설명한다. 팩스를 보내는 것만으로 끝내면 안 된다.

팩스를 제대로 이용하는 요령

팩스가 편리하기는 하지만 한편으로는 문제가 끊이질 않는다. 이용상의 주의점을 파악해 두자.

❶ **중요한 문제는 송신하면 안 된다.**

팩스는 우편물과는 달리 누가 볼지 알 수가 없다. 만에 하나 엉뚱한 곳으로 가게 되면 큰일이다. 중요한 문서를 팩스로 보내는 것 자체가 상대방에게 실례이다.

❷ 첫 장에 몇 장을 보내는지 반드시 기입한다.

송신이 잘못되거나 다른 문서를 잘못 보내는 것을 막기 위해서라도 처음 용지에 몇 장을 보내는지 기입한다.

❸ 페이지가 많은 것은 보내지 말도록 한다.

전화와 팩스가 같은 회선인 경우에는 계속 통화중 상태가 되기 때문에 업무에 지장을 줄 수 있다. 대량의 문서는 우편이나 택배, 인터넷 등의 다른 방법으로 전달하는 것이 좋다. 바로 받을 수는 없지만(인터넷은 예외) 무엇을 가장 우선시해야 하는지 잘 고려해야 한다.

❹ 사전에 혹은 나중에 반드시 연락을 한다.

보낸 것으로 끝내거나 받은 것으로 끝내면 나중에 문제가 될 수 있다. 귀찮다고 생각하지 말고 제대로 보내고 받았는지 반드시 확인 전화를 하자.

❺ 문자를 제대로 읽을 수 있게 고려한다.

작은 문자는 크게 복사한다. 연필로 기입한 것, 문자나 빨간색 글자는 식별하기 어려운 경우가 있기 때문에 주의해야 한다. 또한 감열지感熱紙를 사용하는 팩스는 시간이 경과함에 따라 지워지므로 주의해야 한다.

팩스 수신

바로 그 자리에서 읽고 처리

불명확한 점이나 송신이 잘못됐다면 연락해서 해결

응답은 팩스 또는 전화로 반드시 한다.

"팩스 수신되었습니다"만을 전하면 OK!

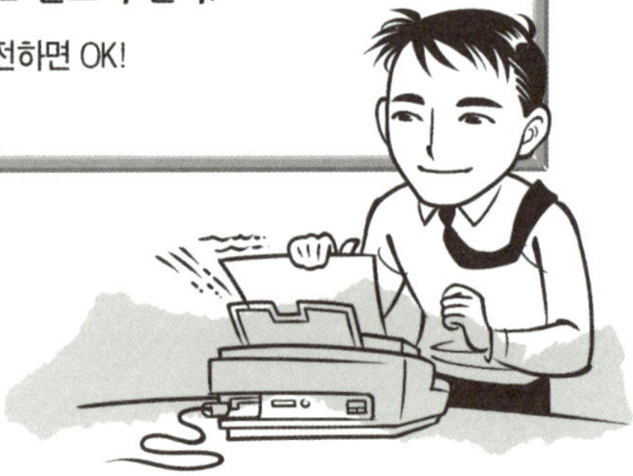

POINT!

감열지의 경우에는 복사를 해서 보관해야 한다.
시간이 지나면 문자가 변하거나 없어지기 때문이다.

회의와 협의

회의는 준비에 만전을 기한다

자료는 사람 수보다 여유 있게 준비한다

회의를 부드럽게 진행하기 위해서는 아무리 준비를 해도 충분하지 않다. 화이트보드가 있다면 전용 펜을, 설명 패널이 있다면 지시봉이나 라이트펜 등 각각에 필요한 도구를 철저히 확인하도록 한다.

또한 컴퓨터와 프로젝터를 사용한 프레젠테이션의 조작 방법을 확인하고, 예비 전구를 준비하는 등 사전에 체크하는 것도 필요하다. 비주얼화에 노력하고 의욕적인 회의를 연출하도록 하자. 준비가 충분하지 못해서 활발하게 이루어지고 있는 회의를 중단시키면 준비를 위해 쏟은 노력은 모두 허사가 된다.

회의에 필요한 배포 자료 등은 회의 전날에 참석자 수보다 많은 분량을 준비하도록 한다. 윗사람 중에는 참석 예정 없이 돌연 참가하는 경우가 가끔 있다. 이때 자료가 없다는 이유는 말이 안 된다. 자료가 남아도 상관없으니 반드시 많이 준비해서 시작 직전에 허둥지둥 거리지 말도록 한다. 또한 자료는 될 수 있는 한 간결하게 만든다.

사내 회의에서는 조금은 긴장을 풀어도 어느 정도 용납이 되기 때문에 비품에 너무 신경 쓰지 않아도 된다. 하지만 외부의 회의실을 활용할 때는 반드시 회의 전에 사전 답사를 한 후 당일에 충분히 여유를 두고 회의장에 먼저 가 있는다. 마이크 설비나 조명 스위치의 장소, 무엇이 어디 스위치인지 회의장 내부의 각 위치들을 파악해 두도록 한다. 회의가 시작되어서야 허둥지둥 대는 것은 금물이다. **빠르게 준비하고 잊지 말고 체크한다.**

참석 여부를 사전에 파악한다

의외로 잊기 쉬운 것이 참석 여부의 확인이다. 특히 그 사람이 없으면 회의를 시작할 수 없는 주인공은 반드시 시작하기 전에 참석을 재확인해 두어야 한다. 불참할 사람을 기다리면서 회의의 시작을 늦추는 일이 없도록 조심해야 한다. 중요 인물이 늦더라도 제시간에 시작하도록 한다.

회의는 참석자의 인선人選이 중요하다. 회의 목적에 맞춰서 필요한 만큼 충분한 참석자를 선정하지 않으면 안 된다. 회의 테마에 있어서 권한이 있는 인물을 설정하고 정보와 지식, 경험과 아이디어가 있도록 준비한다.

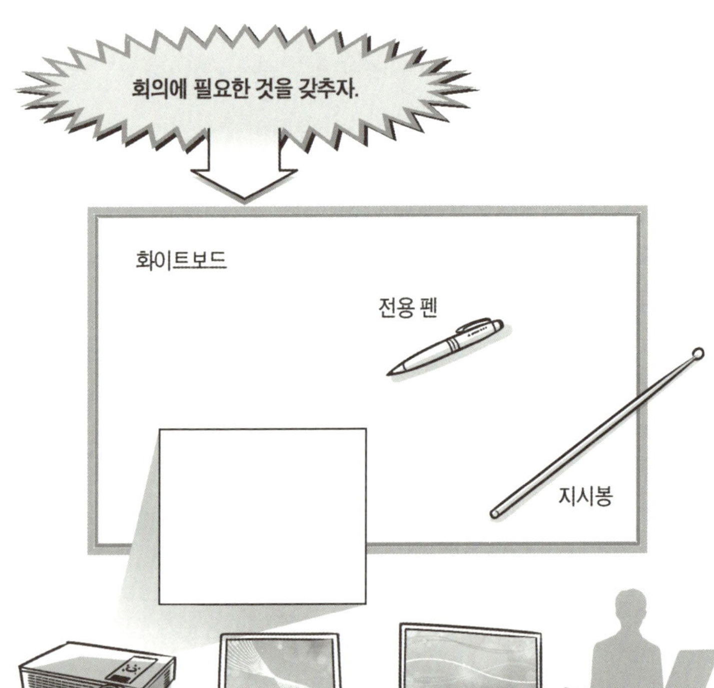

POINT!

자료는 될 수 있는 한 간결하게 정리해서
사전에 배포한다. 부수는 좀 많게 준비하자.

회의 시간을 이렇게 정하면
효율적으로 진행된다

오전 중에 하는 회의는 얻는 것이 많다

오전이나 오후 또는 이른 아침이나 저녁 무렵 등 비즈니스 세계에서는 여러 시간대에 회의나 토의가 행해진다. 그러나 중요한 회의라면 시간 설정도 신중하게 고려해야 한다. 갑자기 준비된 긴급 회의라면 모르지만 통상의 회의라면 안건이나 토의의 내용에 맞춰서 시작 시간이나 토의 시간을 정한다. 그렇게 하면 의외로 빠른 진행과 함께 충실한 회의나 토론으로 이어진다.

예를 들어, **신중한 토의가 필요한 중대 안건이 있는 회의라면 가장 머리가 맑은 오전 중으로 정해야 한다.** 사외의 전화 연락이나 사내의 작은 일들을 처리하고 회의를 시작한다. 점심 시간 전에 끝내는 것이 암묵의 약속이기 때문에 집중해서 회의를 진행할 수 있다. 필요 없는 일에 시간을 허비하는 오후에는 각자의 일에 집중할 수 있기 때문에 능률적이다.

또한 여러 가지 아이디어를 서로 낼 필요가 있는 동료간의 회의라면 마음이 편안해지는 오후 시간대를 골라서 진행하는 편이 능률이

오르는 경우가 많다.

회의 시간은 두 시간으로 제한한다

안건이 많다고 해서 회의 시간을 두 시간 이상으로 잡는 것은 별로 좋지 않다. 사람의 집중력은 두 시간 이상 길게 이어지지 않고 또한 효율성은 떨어질 뿐이다. 안건이 많으면 많을수록 자료를 정리해서 설명을 요령 있게 하는 것이 좋다.

또한 안건에 대해서 사전 교섭을 해 둔 다음에 회의를 진행해야 한다. 시간이 길어지면 고생해서 작성한 기획이 충분한 검토도 이루어지지 않은 채 부결되어 버리는 경우가 있음을 염두에 둔다.

토의 역시 **한 시간이면 한 시간이라고 처음부터 시간을 한정**해서 시작하는 편이 훨씬 정리되기 쉽다. 이렇게 제한 시간을 설정하면 긴장감이 늘고 모두 신중하게 회의에 임하기 때문에 놀랄 정도로 효율성이 높은 토의를 할 수 있다.

종료 시간 역시 여유를 두지 말고 될 수 있는 한 짧게 정하는 것이 포인트다. 특히 기획 회의 등은 좋은 아이디어가 안 나오면 회의를 연장하기 쉽다. 하지만 시간을 늘려도 좋은 기획이 만들어질 가능성은 적다.

이런 경우는 **시간이나 날짜를 다시 정하고 개최**하는 편이 성과 있는 회의가 된다. 어떤 경우라도 처음 결정한 종료 시간을 지키도록 한다.

1. 중요한 회의일수록 오전 중에 한다.

2. 오후 회의는 자유로운 아이디어를 낼 수 있는 것으로 한다.

3. 지각자는 기다리지 말고 정각에 시작한다.

4. 결의 사항은 사전에 자료에 기입하도록 한다.

5. 종료 시간을 정해 두는데 두 시간을 한도로 하면 좋다.

POINT!

회의는 효율을 중시한다. 짧은 시간에 요령 있게 진행할 것!

회의 장소와 좌석 배치도 센스 있게

창이 있는 조금 작은 방이 최적의 회의 장소이다

하루 일과를 처리하는 것도 힘든데 회의가 한정 없이 시간을 빼앗는다면 매우 힘이 들 것이다. 그렇기 때문에 단시간에 밀도 높은 회의를 진행하기 위해서는 장소를 어디로 정하느냐가 중요하다.

일단 회의장은 조금 작은 방이 좋다. 넓은 방에서 푹신한 의자에 앉으면 사람은 오히려 느긋해지고 만다. 그러면 회의도 느긋하게 진행되고 잡담까지 오고갈 것이다. 조금 작은 방에 사람 수에 맞는 의자를 준비한다. 공간을 적당한 온도로 조절하고 조용하다면 더욱 좋다. 회의 참석자들이 모두 볼 수 있는 곳에 시계가 있으면 시간의 경과를 보면서 회의할 수 있기 때문에 집중력을 높이는 데 효과 만점이다. 창문이 있다면 밖의 상태로 시간의 경과를 알 수 있어서 이것 또한 포인트가 된다.

때로는 의자를 사용하지 않고 선 채로 회의를 진행하는 것도 한 방법이다. 꼭 장소를 정하고 의자를 준비해서 진행하는 것만이 회의가 아니다. 급한 상황에서 최종 결정이나 의견 조절 등 몇 명이서 진행하는 회의라면 충분히 목적을 달성할 수 있다. 바쁜 비즈니스맨에게는 시간이 많이 절약되고 효율적인 회의가 된다.

같은 이유로 커피나 차를 제공하는 것을 줄이는 것도 좋다. 토론의 흐름이 끊어지기 때문에 필요 없다.

사람은 앉은 장소에 따라서 발언한다

사람의 심리는 이상한 것으로 앉은 장소에 따라서 회의를 받아들이는 자세에 커다란 영향을 가져온다. 의장석에 앉으면 회의를 조정하는 발언을 하게 되고, 끝자리에 앉으면 객관적으로 다른 사람의 회의를 관망하는 자세가 되며 심할 때는 졸기도 한다.

그렇기 때문에 포인트가 되는 인물을 정하고 책임 있는 발언을 할 수 있는 장소를 확보해야 한다. 회의에서 가장 먼 좌석은 절대 금물이다.

의견이 대립할 것 같은 인물은 대면해서 앉게 하면 안 된다. 발언이 많은 인물과 적은 인물은 떨어져서 앉게 하는 것도 방법이다. 토의가 한 곳에 집중하게 되면 다른 사람은 흥이 깨져 버린다.

또한 같은 부서의 상사와 부하 직원이 같은 자리에 앉으면 일이 잘 진행되는 경우가 많다. 상사는 세세한 순서나 부분까지 모르는 경우가 많기 때문에 바로 옆에 실무를 맡고 있는 부하 직원을 앉히면 부드럽게 회의가 진행되기 때문이다.

참가자들을 파악하고 좌석을 결정한다

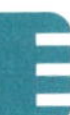

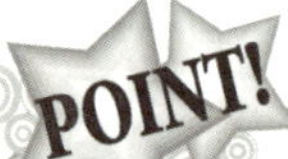

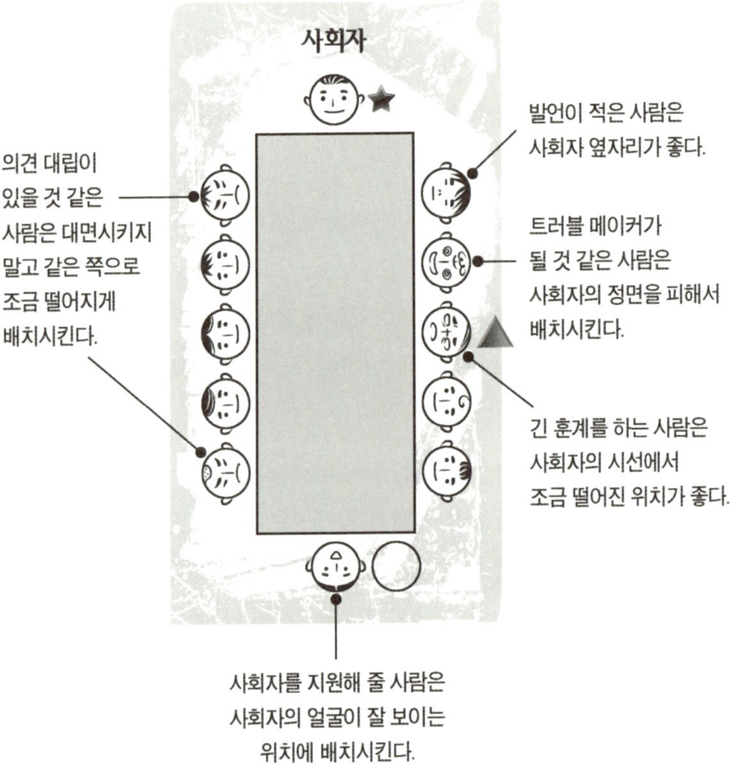

POINT!

참가자들이 골고루 발언할 수 있게 좌석을 배치하는 것도 요령이다.

사회자의 역할을 능숙하게 하는 방법

회의를 부드럽게 진행하기 위한 포인트

회의는 진행자에 따라서 전개 방식이 많이 달라진다. 정해진 시간 내에 토의를 진행하고 결론까지 유도하기 위해서는 경험이 뒷받침되어야 한다. 포인트는 다음과 같다.

❶ 오늘 회의에서 결정하지 않으면 안 되는 것은 무엇인지, 어느 선까지 바꿀 수 있는지 확실하게 알고 있어야 한다.

❷ 너무 자기 말만 하지 말고 들을 줄도 알아야 한다. 발언이 적은 사람에게도 기회를 줘서 의견을 들어야 한다. 적어도 회의를 부드럽게 진행시키는 것이 자신의 일임을 기억하고 있어야 한다.

❸ 안건에서 멀어지면 "여기서 잠깐 정리를 하면……"이라는 식의 효율적인 발언을 해야 한다.

❹ 의견 대립이 있으면 중립적인 위치를 조절해야 한다. 허용된 시간 동안은 토의에 집중시킨다. 구체적인 데이터나 사례를 내놓고 설명을 하는 것도 좋다.

❺ 분위기 메이커가 되도록 한다. 편안한 분위기에서 여러 가지 아이디어가 나올 수 있도록 노력한다.

임기응변을 잘 살려서 진행한다

회의가 침체된 분위기일 때 "어떤 것이든 좋습니다. 자유롭게 의견을 말해 주십시오." 라는 평이한 말은 오히려 출석자의 침묵을 가중시킨다. "이 점에 대해서 어떻게 생각하십니까?" 라는 식으로 논점을 좁히고 의견을 듣는 것이 좋다.

논의의 단계에서 반대 의견이 활발하게 거론되면 도중에 끊지 않는 편이 좋다. 반대 의견이 많을 때는 계속 논의를 하도록 하는 것이 좋다. 나중에 문제가 일어났을 때 "내가 말했지.", "봐, 전에 내가 말했잖아." 라는 식으로 사내에서 불편한 위치에 놓이게 되는 사태를 막을 수 있다. 반대는 하지만 대처 방안을 제시하지 못하는 논의는 좋지 않기 때문에 활발한 논의가 이루어질 때 논의를 통해서 결론에 이르고, 결정을 내린 이상 전원이 일치해서 전념할 수 있도록 한다.

반대 의견만 빈번하게 나오고 건설적인 의견이 나오지 않을 때는 반대로 빨리 논의를 끝낸다. 대처 방안이 안 나온다면 찬성을 재촉할 필요가 있고 상황에 따라서는 회의를 다음에 다시 할 것을 제안한다. 귀중한 시간을 사용해서 회의를 하는 것이기 때문에 너무 건설적이지 않은 토론의 반복은 시간을 버리는 꼴이 되기 때문이다.

끝나는 시간을 미리 말한다.

회의의 목적과 결정하고 싶은 사항을 제시한다.

문제를 분석하고 검토한다.

결론을 이해시키고 확인시킨다.
참가자에게 감사의 인사를 하고
마무리를 한다.

POINT!

사회자는 진행 프로그램을 만들어두는 것이 좋다.

회의에서 자신을
확실히 어필하는 방법

회의야말로 자신을 어필하는 장소라고 생각한다

회의석상에서 발언하기 위해서는 용기가 필요하다. 더욱이 신참일 때는 발언의 타이밍을 잡는 것이 어렵고 중역 등 윗사람들이 자리를 하고 있을 때는 한 걸음 뒤로 물러나기 마련이다. 하지만 좋은 공부라고 생각하고 적극적인 자세를 갖는게 좋다. 참석자의 발언을 듣고 있으면 일의 흐름이나 인간관계를 잘 이해할 수 있다.

비즈니스맨에게 있어서 회의는 자신을 어필하는 기회라고 생각하고 적극적으로 참가한다. 참석한 이상 **반드시 발언하는 것**이 철칙이다. 의견이 있으면서도 묵묵히 가만히 있는 것은 참석의 의미가 없다. 데이터나 자료를 보고 충분히 준비를 한 후에 자신의 의견을 펼치도록 한다.

발언할 때는 일단 **결론을 먼저 말한 다음** 그에 따른 근거나 효과 등을 논리 정연하게 순차적으로 설명하는 것이 포인트이다. 회의의 멤버가 대부분 동의의 의사를 표시하는데 거기에 덧붙여 긴 설명을 계속한다면 결론이 무엇이었는지 혼동될 수 있다는 것을 염두에 둔다.

실력 있는 사람이라고 인정을 받으려면

발언 포인트는 다음 다섯 가지이다.

❶ 자신의 의견에 도취되어 감정적인 발언을 하지 말자. 억지를 부리지 말자.

❷ 특정인을 공격하지 말자. 마찰은 필요하지만 예의도 필요하다.

❸ 자신을 갖고 발언한다. 어떤 좋은 제안이라도 처음부터 완벽한 것은 드물다. 따라서 완성 상태에만 신경을 써서 자신 없는 말투가 되지 않도록 주의해야 한다. 이상한 일이지만 듣는 사람도 자신 없는 설명을 듣고 있으면 역시 이 제안은 제대로 이루어지기 어려울 것이라고 생각하게 된다.

❹ 사례를 들으면서 될 수 있는 한 알기 쉽게(자료 등을 그래프나 도표를 사용해서 설명하면 이해하기 쉽고 설득력을 갖는다) 설명한다.

❺ 특히 납득시키고 싶은 사람과 동의를 얻고 싶은 사람에게는 '어떻습니까?' 라는 눈빛을 보내면서 반응을 살피며 말하면 느긋하게 말할 수 있다(틀리더라도, 반대하는 사람이 고개를 젓는 것을 보더라도 기가 꺾이지 않도록 하자).

반대 의견이 있다면 반드시 대안을 제안하자. 또한 "○○씨에게 찬성합니다." 라는 것만으로는 자기 주장이 너무 없다. 자신의 의견이나 아이디어를 덧붙인 다음 찬성의 의견을 말한다.

감정적이 된다.

다른 사람의 의견을
무시한다.

말꼬리를 잡고 늘어진다.

대안을 내놓지도 않고
반대만 고집한다.

계속 아무 말도 안 한다.

단지 YES MAN이다.

POINT!

금기 사항을 인지하고 참석한 이상 적극적으로
회의에 참가한다. 자신의 의견을 자신감 있게 펼치자.

객관적으로 요령 있게 정리한다

의사록議事錄에는 발언의 근거를 명확하게 기록한다

"자네가 주최한 회의의 결정 사항은 전혀 실행되지 않고 있군." 등의 평판이 사내에서 나오지 않도록 회의에서 결정한 사항은 반드시 의사록에 남겨 두어야 한다. 회의의 결정 사항은 이상理想에 가까운 것을 실행 사항으로 결정하는 일이 꽤 많다. 그래서 실행의 착수를 늦게 하거나 상황에 따라서는 실행조차 하지 못하는 경우도 있다.

무엇을 결정하고, 무엇을 결정하지 않았는지, 어떤 경과를 거쳐서 결정되었는지, 각 참석자의 의견은 무엇이었는지, 어떤 방침으로 실행하게 되었는지 등 명확하게 기록해서 남겨 두는 것이 필요하다.

의사록은 5W2H에 의거해서 정확하게 기록하는 것이 핵심이다. 누가 책임자고, 언제부터 시작할 것인지, 언제까지 결과를 내서 평가할 것이지 등의 중요한 사항을 제대로 밝히면서 정리한다. 또한 발언의 근거를 명확하게 기록하는 것이 중요하다. 나중에 다시 읽어보았을 때 근거가 흐지부지한 의견은 오해를 나을 수 있다.

또한 어디까지나 중립적인 입장에서 정확하게 기록하는 것이 원칙이다. 자신이 찬성한 의견에만 신경을 써서 기입하면 규칙 위반이다.

누가 읽어도 문제가 없도록 또한 알기 쉬운 문장으로 적는 것을 잊지 않도록 한다.

"그 친구에게 의사록을 맡기면 틀림없지." 라는 말을 듣게 되면 상사로부터의 신임도가 높이 올라가는 것과 다름없다.

소수의 의견을 무시해서는 안 된다

기록자는 사전에 알고 있는 사항, 즉 회의명, 개최 장소, 시간, 참석자명, 의제 등을 회의 개시 전에 기록해 둔다. 회의가 시작되면 의외로 기입할 시간이 없기 때문이다.

또한 회의 중에 나온 전문 용어, 업계 용어, 중요한 수치 등 애매모호한 것은 회의가 끝난 다음에 바로 조사해서 완벽하게 기록해 둔다는 마음 자세를 가진다.

회의에서는 여러 가지 아이디어나 의견이 나오는데 결정 사항만 기록하지 말고 소수 의견도 정확하게 기록해 둔다. 채택되지 않았던 의견이나 결정되지 않았던 안건도 나중에는 대단히 중요한 힌트가 되는 일이 많기 때문이다.

공부법

사람을 끌어당기는 스피치를 익힌다

스피치를 실수 없이 하려면

비즈니스 사회에서는 스피치를 할 기회가 많다. 조회나 회의 때, 전근할 때 하는 인사 등이 그것이다. 보통 많은 사람들 앞에서 스피치를 하는 것에 익숙하지 않다면 식은땀을 많이 흘린다. 이런 경우를 잘 넘기는 포인트는 다음과 같다.

❶ 사전 준비를 정확하게 한다.

1분간의 스피치는 보통 원고 300자 정도이다. 3분간의 스피치라면 900자 정도가 된다. 원고를 만들어 보지 않고도 스피치를 할 수 있게 연습을 한다. 이렇게 하면 침착하게 할 수 있다. 처음부터 끝까지 원고를 보면서 스피치를 한다면 듣는 사람은 흥미를 잃고 말 것이다.

❷ 내용으로 승부한다.

특히 말하는 것에 서투른 사람은 괜히 재미있는 얘기를 하려고 하지 말고 테마를 정한다. 결정된 시간 내에 끝내기 위해서는 핵심 주제를 너무 많이 말하지 않는 편이 좋다. 주변의 일상생활에서 얻은 얘기와 알기 쉬운 내용으로 주제를 만들도록 노력한다. 또한 미사여구美辭麗句나 어려운 말은 불필요하다는 점을 염두에 두자. 가능하다면 유머를 섞어서 하면 더 좋다.

❸ **당당하게 마음을 담아서 얘기한다.**

자신이 없어도 힘차게 밝은 목소리로 얘기한다. 듣는 사람들을 보면서 적절하게 스피치를 끊어갈 수 있다면 합격이다.

호감을 얻지 못하는 스피치란

"아주 간단합니다만……" 이라고 말하면서 언제까지나 길게 끊임없이 얘기를 하는 사람을 만난 적이 있을 것이다. 사람들 앞에서 얘기하는 것에 익숙한 선배가 그런 경우가 많은데 싫증나게 하는 대표적인 케이스라고 할 수 있다.

또한 스피치에 관한 책이나 축사집祝辭集을 인용하는 경우도 많은데 여러 사람이 스피치를 할 때 앞사람이 먼저 인용해 버리면 상당히 곤란해진다. 임기응변으로 수정이 가능하다면 괜찮지만 **원본에 충실하는 편이 문제가 생기지 않을 것이다.**

젊은이들에게 많이 하는 스피치는 결혼식 등의 축하 인사이다. 친밀한 관계에서의 에피소드 등을 듣는 것은 참석자들에게도 즐거운 일이지만 프라이버시에 관한 것은 사전에 본인의 양해를 구하는 것이 좋다. 양가의 부모나 상사 등이 있는 축하 자리에서 본인에게 창피를 주는 일은 예의에 어긋난다.

재미있게

유머를 섞는다.

알기 쉽게

주위의 사례를 든다.

이익이 되는

유머를 섞는다.

시간 내에 끝내기 위해

원고를 만들어서 연습한다.

POINT!

말이 서툰 사람은 재미있게 말하려고 하지 말고
알기 쉬운 내용으로 말하자. 원고를 만들어서 안 보고도
스피치를 할 수 있도록 연습하는 것이 좋다.

훈련으로 업그레이드한다

선행 주도형, 중반 역전형, 종반 정리형의 패턴을 배운다

토론 자리에서 어필하기 위해서는 얘기의 흐름, 자신의 안건에 따라 선행 주도형인지, 중반 역전형인지, 종반 정리형인지를 파악하여 발언해야 한다.

처음부터 발언이 적어 회의가 진행되지 않을 경우에는 다소 지식이 모자란 부분이 있더라도 적극적으로 발언을 해서 방향을 명확히 하는 역할을 맡자. 그러는 편이 상대방에게 인상을 강하게 남길 수 있다.

반대로 처음부터 많은 사람들이 활발하게 발언을 한다면 그 중의 한 사람이 되는 것이 아니라 침착하고 여유 있게 다른 사람들의 얘기를 듣는 사람이 되는 것이 좋다. 하지만 맞장구를 쳐주는 정도의 여유는 필요하다. 그리 뛰어난 의견은 많지 않을 것이기 때문에 자신의 생각과 다른 점이나 상대방 발언의 장단점을 잘 파악하여 대응하면 된다. 자신이 생각하고 있는 것과 방향이 다르다고 생각될 때는 망설이지 말고 중반 역전형을 택해야 한다.

상대방의 약점과 자신이 생각한 메리트를 명확하게 발언해야 한다.

그럴 때는 상대방 의견의 좋은 점을 먼저 칭찬한 뒤 반격을 시작하여 내 의견의 장점을 피력해 간다. 흐름이 자신 쪽으로 바뀌면 대성공이다. 가령 생각한 대로 되지 않더라도 자신의 강한 인상을 남기기에는 충분할 것이다. 기회는 반드시 다시 온다.

의견이 같을 때는 중반 이후에 조금씩 발언을 하면서 결론을 자신 쪽에서 정리해 가는 방법을 취하길 바란다. 처음에는 꽤 어려운 패턴일지도 모르지만 자신에게 맞다고 생각되는 사람은 계속해서 시도해 가길 바란다. 반드시 든든한 사람이라는 평가를 얻을 수 있을 것이다. 어떤 방법이든 반복 속에서 숙련되는 법이다.

또한 이 방법은 회사의 승진 시험 등에서 집단 토론을 해야 할 경우에도 도움이 된다. 반드시 시험관에게 좋은 인상을 심어줄 것이다. 응용해 보길 바란다.

눌러서 안 되면 빼 보라

철저하게 사전 준비를 하고 자신이 있을 때는 어떻게든 자신의 의견을 관철시키고 싶을 것이다. 반드시 통과시키겠다는 강경한 자세도 필요하다. "으음, 자네 의견은 별로 공감이 가질 않는데……" 라는 말을 들었다고 해서 "알겠습니다." 라고 움츠러드는 것은 너무 꼴사납다. 그렇다고 억지를 부려서는 안 된다. 흐름을 잘 살피고 밀어붙여서 안 된다면 뒤로 물러나 본다. 상황에 따라 뒤로 한 걸음 물러나 보면 의외로 순조롭게 설득되는 경우가 있다.

● 철저하게 정보 수집을 해둔다.

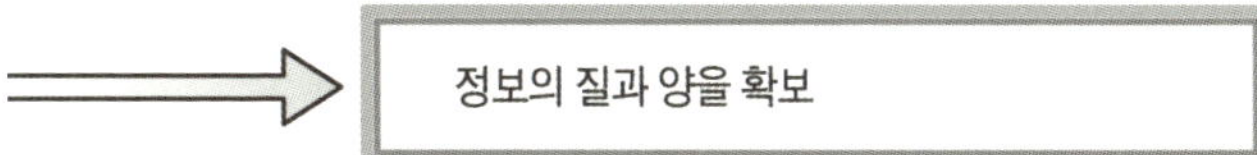

● 반론을 예측해서 시뮬레이션을 해둔다.

● 침착하고 냉정하게 주장한다.

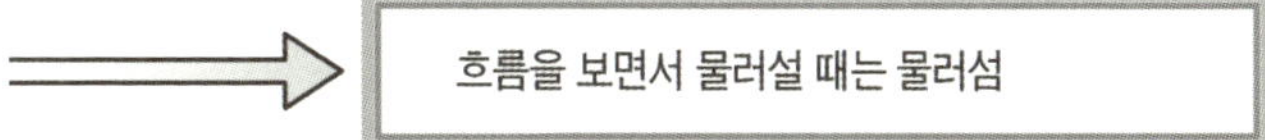

POINT!

발언의 기회를 놓쳤다면 여유를 가지고 냉정하게
다른 사람의 얘기를 듣자. 토론은 중반이 승부다.
역전은 충분히 가능하다.

'될 수 있는 한 읽지 않는' 독서 비법

중요한 것은 읽어야 할 책을 한 페이지라도 많이 읽는 것이다

비즈니스맨으로서의 교양이나 일의 정보를 많이 얻으려면 조금이라도 시간을 내서 독서에 힘을 기울여야 한다. 정보의 신선도는 신문이나 TV와 비교할 수 없지만 내용의 충실도나 밀도는 당연히 책이 앞선다. 바빠서 책을 읽을 시간이 없다는 사람이 많지만 읽어야 할 책을 잘 선택하고 여러 장르의 책을 독파하길 바란다.

읽기를 잘했다고 생각될 만한 것을 고르기 위해서는 다음 사항들을 염두에 두고 책을 고르면 좋다.

❶ 신문과 잡지의 서평란을 점검한다.

대부분의 일간지나 주간지에서 서평 페이지를 찾아볼 수 있고 화제의 책들이 소개되어 있다. 서적의 랭킹이나 광고도 볼 만하다. 이런 것들을 참고하면 요즘 유행이나 사람들의 관심사를 알 수 있다. 자신이 흥미를 갖는 책이나 읽어야 한다고 판단되는 책은 바로바로 사는 것이 좋다.

❷ 정기적으로 서점에 다니자.

대개의 서점에서는 베스트셀러나 잘 팔리는 책을 매장 내의 가장 눈에 띄는 장소에 배치한다. 그곳을 체크하면 유행이나 시대를 논하는 키워드를 알 수 있다. 모두 사서 독파하는 것은 불가능하다. 일주일에 한두 번 정도 정기적으로 서점에 들르기만 해도, 많은 도움이 될 것이다. 단골 서점이 있는 것도 좋다.

❸ 베스트셀러보다 스테디셀러를 고르자.

베스트셀러는 현재를 반영해서 팔리는 것이기 때문에 틀림없이 매력이 있다. 하지만 책의 매출과 책의 질은 항상 일치하지는 않는다. 서평이나 광고를 보고 책을 구입해서 읽은 다음 '뭐야, 이게' 라든가 실망이 이만저만이 아니었던 경험이 많을 것이다. 짧은 시간 내에 책을 고른다면 스테디셀러를 고르는 것이 좋다. 긴 시간에 걸쳐서 읽혀진 책에는 그럴 만한 내용이 있는 법이다.

책 한 권에서 한 가지를 얻었다면 그걸로 만족하자

비즈니스나 일을 위한 책은 처음부터 끝까지 전부 읽지 않아도 된다. 일단 목차를 차근차근 읽는다. 다음으로 머리말을 읽는다. 읽을 가치가 있는 책이라고 판단이 되면 1장으로 넘어간다. 경우에 따라서는 자신에게 필요하다고 생각되는 장만을 읽어도 좋다. 지루하거나 시간이 아깝다고 판단되면 바로 그만둔다. 필자가 무엇을 말하고 싶어하는지, 자신이 알고 싶어하는 것과 읽고 싶은 것을 읽었다면 독서의 목적은 달성된 것이다.

- 항상 책을 들고 다니자.

> 이동 시간이나 자투리 시간에 읽을 수 있다.

- 읽어야 하는 책은 돈을 투자해서 사자.

> 돈이 아까워서라도 읽고 싶은 마음이 든다.

- 속독법을 익히자.

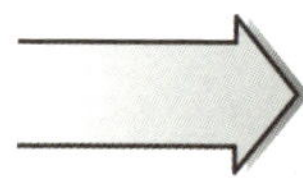

> 읽는 효율을 높이는 방법을 익히자.

- 내용이 궁금한 책은 바로 사자.

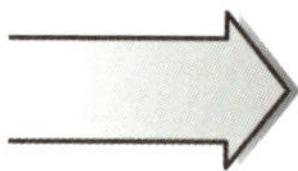

> 서점이나 인터넷을 통해서 바로 사도록 하자.

POINT!

책의 마지막 장을 펴보면 여러 번 찍어낸 베스트셀러를 찾아낼 수 있다. 책에서 반드시 얻을 부분이 많을 것이다.

출근 전 짧은 시간을 효율적으로 쓴다

조금 일찍 일어나면 충만감 있는 시간을 보낼 수 있다

하루는 24시간이다. 24시간은 만인에게 공통으로 주어진 시간이다. 그렇다면 능력 있는 비즈니스맨과 그렇지 못한 사람의 차이는 어디에서 오는 것일까?

자신의 실력을 향상시키고 싶다면 정해진 시간을 얼마나 효율적으로 사용할 것인지를 결정해야 한다. 시간 관리 능력이 있는 사람이야말로 능력 있는 비즈니스맨의 기본이다.

아침에는 졸립다. 조금이라도 더 자고 싶다. 하지만 강한 의지를 가지고 30분이라도 일찍 일어나서 무언가 공부를 시작해 보면 어떨까? 의외로 충실한 시간을 보낼 수도 있고 기분도 좋다. 인터넷이나 TV강좌를 이용한 어학 공부나 자격시험 공부 등 해야 할 것들은 얼마든지 많다. 하루에 30분이라도 매일 계속하겠다는 의지는 자신감으로 발전한다.

인터넷을 이용한 정보 수집도 효율적이다. 인터넷을 이용해서 정보를 수집하기 위해서는 흥미 있는 사이트를 활용하는 것도 비즈니스맨의 상식이다.

시간은 살 수 있는 것

아침에 잠이 많은 사람은 회사에 지각하는 경우가 많다. 이것은 비즈니스맨으로서 치명적이다. 남성이 출근하기 위해서 들이는 시간은 40분, 여성은 60분 정도가 평균이라고 한다. 아침에 샤워를 한다면 조금 더 걸릴 것이다. 조금이라도 더 자고 싶은 사람에게 아침 준비를 단축하는 방법이 있다.

실제로 바쁜 아침에 활용할 수 있는 상품이 많이 나와 있는데 뻗친 머리카락을 단정하게 해주는 무스 같은 것들을 말한다. 바쁜 아침을 분 단위로 조절할 수 있는 편리한 상품들을 찾아보자.

아침 식사도 한 개나 한 컵으로 칼로리를 조절할 수 있는 식품도 있어서 편리하다. 다만 결혼 전에만 사용할 수 있는 방법일 것이다.

- 라디오 체조나 조깅 등의 운동

쾌적한 하루를 시작한다.

- 영어 회화나 자격 시험 등의 공부

아침 일찍하는 공부는 능률적이다.

- 컴퓨터로 정보 수집

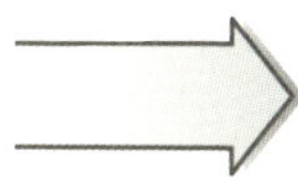

접속이 빠르고 효율적이다.

- 천천히 식사를 하면서 하루 일과에 대한 준비

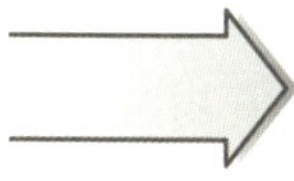

건강이 제일 중요하고 일할 의욕도 생긴다.

POINT!

하루를 충실하게 보내기 위해서는 우선 아침을 정복하자.

출근시간과 이동시간을 효율적으로 활용한다

출근을 한 시간 빨리 한다

"회사에 출근하는 데 두 시간이나 걸려서 회사에 오면 기운이 다 빠진다.", "출근 체증으로 아무 것도 할 수가 없어……" 라고 말하는 사람이 많다. 정말 출근 지옥이다. 하지만 발상을 전환해서 출근 시간을 가치 있는 두 시간으로 바꾸는 방법을 생각해 보자.

만원 전철에서도 할 수 있는 것이 있다. MP3를 이용해 영어 회화를 듣거나 이미지 트레이닝 등을 하는 것도 좋다. 전철 안에 붙어 있는 광고도 열심히 읽으면 자료가 된다.

또한 조금 일찍 일어나면 시간의 활용도가 변한다. 전철을 한 시간 빨리 타면 어떨까? 신문이나 책 정도는 읽을 만한 여유가 생기지 않을까?

전철을 탄다면 조금 기다렸다가 앉아서 출근하는 방법도 있다. 부족한 잠을 채우는 방법으로도 쓸 수 있지 않을까? 또한 회사에 한 시간 빨리 출근하게 되기 때문에 하루 일과 준비도 여유를 가지고 시작할 수 있다. 천천히 인터넷을 검색할 수도 있고 그 날의 스케줄을 확인해서 다른 사람보다 한 발 앞서서 준비할 수 있다.

이동시간을 재미있는 시간으로 바꾼다

책상에서 하는 일이 많은 경우에는 업무상의 외출이라도 재미있다. 거래처로의 이동은 기분 전환도 된다. 일단은 앞으로의 일의 진행 순서를 생각하고 시간이 남으면 지나가는 사람들을 바라보거나 거리를 바라보는 것도 괜찮다. 무언가 재미있는 기획 요소는 없는지 지금은 어떤 것들이 유행하는지 그런 것들을 생각하면서 걸어 보자.

이동시간을 가벼운 운동 시간으로 이용할 수도 있다. 될 수 있으면 차를 타지 말고 운동 부족을 해소하는 시간으로 활용해 보자.

출장 등으로 기차나 비행기를 이용하는 이동시간도 효율적으로 이용하면 좋다. 오전 중의 이동시간은 집중력이 높은 때이기 때문에 소중한 공부 시간이다. 빈손으로 가는 일이 없도록 무언가 공부나 독서를 할 것을 준비해서 가자.

최근에는 노트북이나 스마트폰을 휴대하는 사람이 많다. 바로 사용할 수 있는 타입의 스마트폰은 성능도 괜찮아서 이동 중에 적합하다. 정보 수집에서부터 거래처와의 식사를 위한 음식점 찾기 혹은 게임 즐기기 등 여러 가지를 즐길 수 있다.

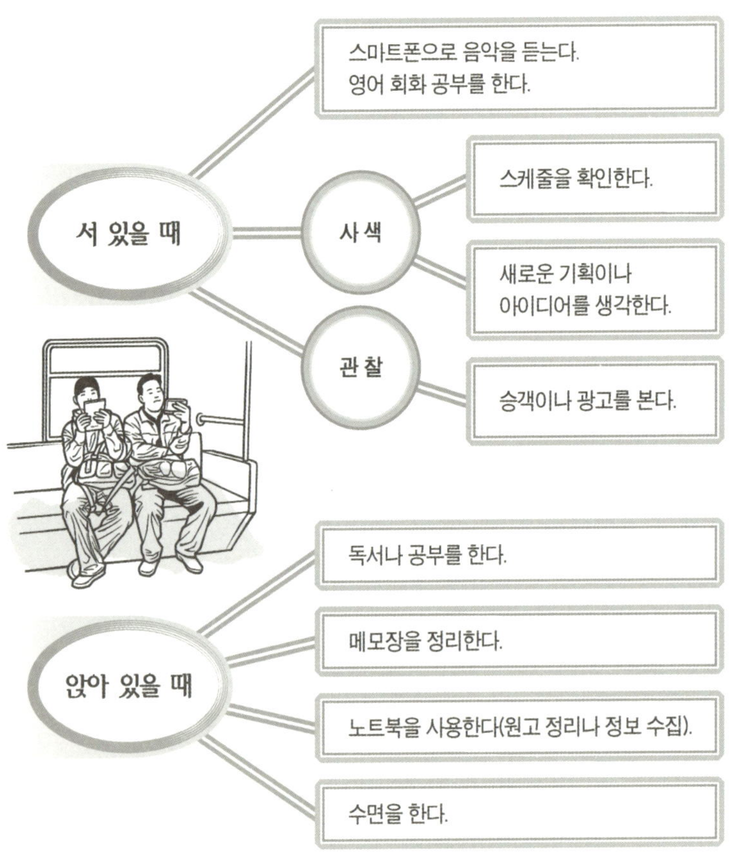

POINT!

이동 시간은 기분을 전환시키는 것부터 공부하는 것까지 무엇이든 할 수 있는 시간이다. 꼭 효율적으로 활용하자.

정보의 홍수 속에서 보다 유익한 정보를 잡아내자

목적의식을 확실하게 갖자

흘러 넘칠 정도로 정보가 범람하는 세상이다. 인터넷, 신문, 잡지, TV나 라디오, 광고, 전화, 파일, 선배나 상사의 지도, 동료의 조언, 클라이언트의 요구 등 이런 모든 것이 정보원이다. 이 정보의 바다에 빠져서 무엇을 어떻게 수집하고 무엇을 버릴 것인지 고민한다. 실제 자신에게 있어서 도움이 되는 정보나 유익한 정보는 많지 않을 때가 많다.

일단 자신은 어떤 정보가 필요한지 목적의식을 확실히 하는 것이 중요하다. 그리고 일을 효과적으로 진행하기 위해서는 수집한 데이터를 주제별로 정리하고 분류해서 조합하거나 가공한다. 그래서 목적에 맞고 의미 있는 정보로 만들어 나간다.

신문이나 잡지에서 단시간에 정보를 잡아내는 것이 요령

정보의 수집원으로 신문은 크게 도움이 된다. 그러나 괜히 많은 시간을 투자할 필요는 없다. 다음 세 가지에 역점을 두자.

❶ 매일 아침 신문 읽는 시간을 설정한다.

당연히 구석구석까지 읽는 것은 불가능하다. 대강 보는 것으로도 괜찮으니까 매일 보도록 한다. 매일 보는 것이 중요하다. 아침 출근 전 15분, 전철로 출근하는 동안의 30분으로 정해서 그 시간 동안에 읽는 것으로 한다. 이렇게만 봐도 세상의 흐름 과 사건을 알 수 있다. 그리고 나머지는 자신이 흥미를 가지고 있는 부분을 읽으면 된다.

❷ 흥미 있는 기사는 체크한다.

일단 잘라서 보관하자. 일주일이 지나도 역시 중요하다고 생각되면 스크랩해서 정리하자. 주제별(정치, 경제, 인물, 특종, 유행 등)로 파일을 만들어서 분류하는 것도 좋다. 또한 잡지도 목차를 읽고 흥미 있는 기사나 필요한 정보만을 읽는 것이 요령이다. 필요하다고 판단된 내용만을 파일에 보관한다. 신문도 잡지도 필요 없는 것은 버리자.

❸ 일주일에 한 번은 천천히 읽자

휴일에는 시간을 들여서 읽자. TV 방송도 주말에는 그 주의 화제를 정리해서 보도하거나 해설을 하므로 정보원으로 이용하는 것도 괜찮다.

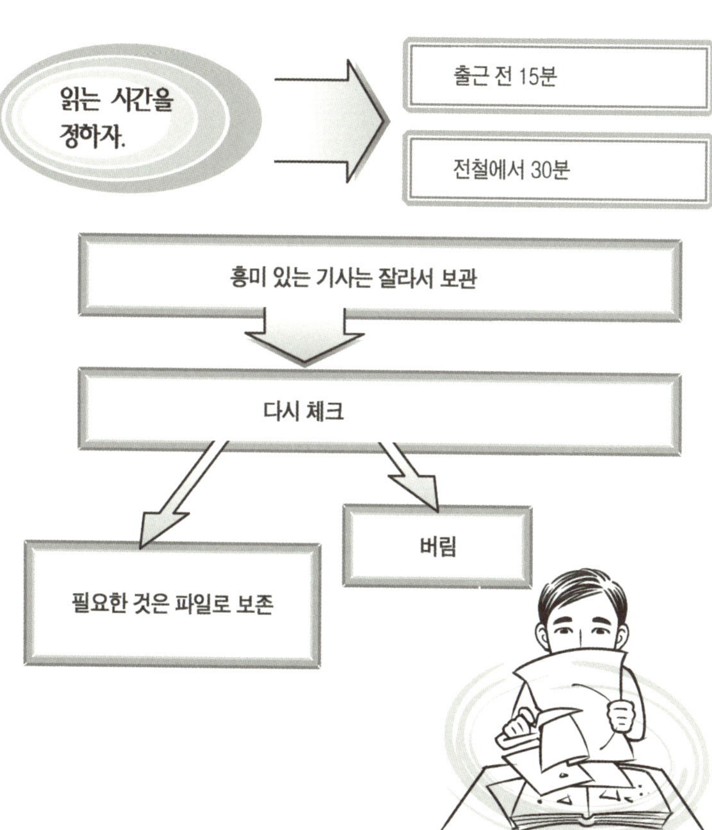

POINT!

일주일에 한 번은 천천히 읽는다.
TV도 병행하고 사색하는 시간을 갖도록 노력하자.

풍부한 발상력을 익히는 방법

훈련으로 발상력을 향상시킬 수 있다

새로운 아이디어나 기업을 프레젠테이션할 때는 독창적인 발상력이 좋은 결과를 가져다준다. '그는 원래부터 아이디어맨이야' 라고 할 만한 사람은 존재하지 않는다. 그렇다고 해도 일에는 기한이 있기 때문에 천재적인 재능이 있건 없건 아이디어는 만들어야 한다.

하지만 발상력은 노력과 훈련에 따라서 향상된다. 원래부터 아이디어는 0에서 시작하는 일은 없고 이미 존재하는 아이디어나 정보를 토대로 나름대로 재배열하거나 무언가 덧붙여서 만들어 내는 경우가 많다. 독창적인 아이디어를 만들어 내는 포인트는 다음과 같다.

❶ 메모를 생활화한다. 생각이 나면 무엇이든지 메모한다. 나중에 천천히 생각하자 라고 생각하면 대개 잊어버리고 만다.

❷ 좋다, 나쁘다, 돈을 번다, 돈을 벌지 못한다 라고 미리부터 계산하지 말자. 이런저런 조건은 다음 단계에서 검토하면 된다.

❸ 테마를 좁힌다. 한 번에 이것저것 욕심을 내지 말자. 집중하는 것이 중요하다.

❹ 시간과 거리를 두고 몇 차례 아이디어를 검토한다. 혼자만의 착각인지 혹은 부정적인 면은 없는지를 냉정하게 판단한다.

❻ 신제품에는 바로 관심을 보이자. 될 수 있다면 구입을 하여 화제의 상품이나 히트 상품의 비결을 찾아본다.

❼ 난관에 봉착하면 일단 뒤로 물러났다가 다시 도전한다. 기획서를 노려보고 있어도 방법이 없다. 기분 전환이 중요하다.

안테나는 높게, 호기심은 왕성하게

"요즘 젊은 사람들은 외계인이라고 생각하지 않으면 따라갈 수가 없어." 라고 말하면서 고개를 젓는 사람이 적지 않은데 호기심이 왕성해서 새로운 것을 계속 흡수해 가는 그들의 파워를 주목해야 한다. 유행을 만들어 가는 중요한 존재를 처음부터 부정해 버리면 아무 것도 만들어지지 않는다.

세대나 기성旣成의 벽을 넘어서 여러 사람과 대화하는 것은 매우 의미 깊은 일이다. 가끔 발상이 벽에 봉착했을 때는 자신의 일과 전혀 관계없는 분야의 사람과 대화를 나눠보는 것도 효과가 있다. 전철 안에서 나누는 대화, 카페에서 나누는 대화, 가족들과의 대화에서도 독창적인 발상의 씨앗이 있다.

세상에서 화제가 되고 있는 일에 자신도 흥미를 가져 보자. 자신의 직업과 전혀 관련이 없다고 생각하던 것이 갑자기 자신의 일과 관련될 수도 있다.

발상력 향상에는 메모가 크게 도움이 된다

이런저런 대화나 아이디어를 더욱 유용하게 활용하기 위해서는 자주 메모하는 습관을 들이는 것이 좋다.

광고 대리점 N사의 영업부에 근무하는 S씨는 주머니에 명함 크기 만한 메모장을 습관처럼 가지고 다니며 무언가 정보가 잡히면 바로 바로 메모를 한다고 한다. 거리에서 들은 여학생들의 유행어라든지 거래처 부장님의 취미인 낚시에 관한 것, 주간지에서 읽은 경제 예측 등 종류도 다양하다.

대부분 직접적으로 일에 도움이 되지는 않는다.

"하지만 그런 정보가 내 머릿속에서 적당히 섞여 광고 기획의 아 이디어에 도움이 된다는 것은 틀림없습니다." 라고 S씨는 말한다.

좋은 아이디어를 생각해 내도 바로 잊어버리는 경우가 많다. 메모 는 그런 점을 방지하기 위한 수단이다. 일부러 메모를 하는 것은 비 즈니스맨이 지녀야 할 습관 중 하나라고 할 수 있다.

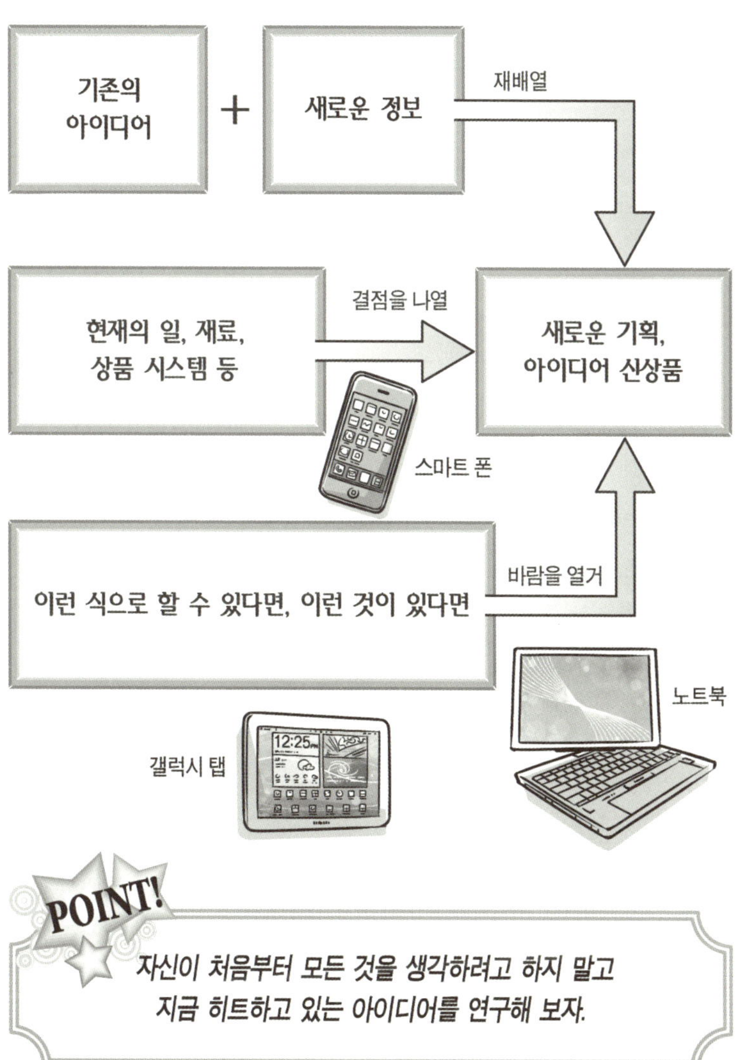

POINT!

자신이 처음부터 모든 것을 생각하려고 하지 말고
지금 히트하고 있는 아이디어를 연구해 보자.

자격증은 나만의 무기

자격증 취득은 무기가 된다

최근에는 자격증 취득이 붐이 되었다. 실제로 비즈니스맨에게 있어서 자격증은 큰 무기가 된다. 현재 업무에 이용할 수 있는 것은 말할 것도 없거니와 업무의 폭이 더욱 넓어지게 된다. 회사 쪽에서 솔선해서 자격 취득을 권유하는 경우도 있는데 이런 경우라면 급여 향상도 기대할 수 있다. 자격증이라고 하면 어려운 공부를 연상시키기 쉽지만 의외로 간단하게 얻을 수 있는 것도 적지 않다. 자신의 가능성을 넓히기 위해서라도 꼭 도전해 보자. 물론 전직이나 독립을 할 때에도 상당히 유리하게 작용할 것이다.

최근에 인기가 높은 것이 컴퓨터 관련 자격증이다. 특히 주요 소프트웨어를 중심으로 영업용 컴퓨터를 완벽하게 사용하는 것을 목표로 하는 자격증도 많다. 비서 자격 시험은 비서로서 스케줄 관리부터 전화 응대, 사무 처리, 비즈니스의 기본 상식을 심사하는 시험이다. 복지사나 공인중개사 등도 인기가 높은 자격증이다. 자신의 주가를 올리기 위해서는 어떤 자격증이 필요한지 생각해 보자.

무엇이 기본기인가

:최강 기본기를 만드는 79가지 법칙!

1판 1쇄 발행 2012년 6월 10일

편저자 강준린 **일러스트** 박진희 **펴낸곳** 북씽크 **펴낸이** 최석원

주 소 서울시 성동구 행당동 192-29 성동샤르망 1019호 **전 화** 070-7808-5465

등록번호 제206-86-53244 ISBN 978-89-967688-8-3 **이메일** bookthink2@naver.com

Copyright ⓒ 2012 강준린